THE LOGIC OF GROWTH

Nobel Laureate in Economics Talks About how China's Economy Grows

增长的逻辑

诺贝尔经济学奖得主谈中国经济如何发展

Edmund Phelps

[美] 埃德蒙·费尔普斯 ◎ 著

何志毅　张占武 ◎ 译

中信出版集团 | 北京

图书在版编目（CIP）数据

增长的逻辑：诺贝尔经济学奖得主谈中国经济如何发展/（美）埃德蒙·费尔普斯著；何志毅，张占武译. -- 北京：中信出版社，2023.9（2024.4重印）

ISBN 978-7-5217-5961-7

Ⅰ.①增… Ⅱ.①埃…②何…③张… Ⅲ.①中国经济—经济发展—研究 Ⅳ.①F124

中国国家版本馆CIP数据核字（2023）第157373号

The Logic of Growth: Nobel Laureate in Economics Talks About how China's Economy Grows
Copyright © 2023 by Edmund Phelps. All rights reserved.
Simplified Chinese translation copyright © 2023 by CITIC Press Corporation
ALL RIGHTS RESERVED
本书仅限中国大陆地区发行销售

增长的逻辑——诺贝尔经济学奖得主谈中国经济如何发展
著者：　　［美］埃德蒙·费尔普斯
译者：　　何志毅　张占武
出版发行：中信出版集团股份有限公司
　　　　　（北京市朝阳区东三环北路27号嘉铭中心　邮编 100020）
承印者：　北京通州皇家印刷厂

开本：880mm×1230mm 1/32　印张：7.5　字数：123千字
版次：2023年9月第1版　印次：2024年 4 月第5次印刷
京权图字：01-2023-4894　书号：ISBN 978-7-5217-5961-7
定价：59.00元

版权所有·侵权必究
如有印刷、装订问题，本公司负责调换。
服务热线：400-600-8099
投稿邮箱：author@citicpub.com

埃德蒙·费尔普斯建言中国经济发展

❶ 中国经济增长有两个核心过程：第一，生产者的智慧（他们的知识和所受的教育），体现在国家或者国有企业从国外购买技术；第二，用户的智慧，体现在相应的市场其他参与者投入时间和金钱去学习如何使用企业引进的新产品或者国家要求引进的新产品。

❷ 对中国来说，最佳选择是先从西方国家购买可以提高生产率的技术，把对科技水平要求低的产品的生产率提高到西方国家的水平，因为相同的支出无法使中国购买足够的可以和西方国家生产率相提并论的高科技产品。因此，随着中国科技不断进步，中国的生产竞争力也会逐步提升。

❸ 一个国家对其经济制度的选择，必须从经济绩效的概念开始，即什么是良好的商业生态。首先，一个国家要想实现如此高的绩效，就必须有生产力的变化，我称之为经济活力。其次，一个国家经济的活力程度取决于它的经济制度，而不仅限于一般制度。

❹ 繁荣和发展的过程是可以衡量的。一个国家的生产率和失业率是其经济绩效的主要衡量指标。劳动参与率是经济绩效另一个维度的指标，通常被称为经济包容——融入主流经济：一方面，它可能反映了主流工作在多大程度上为人们提供脱离家庭和国家的经济独立性；另一方面，它也可能反映了人们获得主流工作机会的程度和广度，从而表明该国在消除包容性障碍方面的成就。

❺ 中国目前的工资增长水平已经可以满足人们基本的物质需求，人们开始高度重视自己是否处于一个充满创新精神的环境里，人们开始追求通过创新获得的成就感。塑造一个充满活力的创新环境，赋予人们的生活攀登一座山的意义，让人们的大脑对一系列新问题进行思考，中国将成为世界创新的"领头羊"。

❻ 中国通过贸易投资、劳动力和技术转移、海外技术转移实现了惊人的工资水平增长。但我们应该清楚的是，这些经济持续增长的途径能够带来的增长是有限的，总有一天会陷入边际收益递减的趋势。中国若想实现经济大繁荣，必须为创新提供更广泛的机会。从创新的角度来讲，中国、美国和欧洲面临的障碍是一样的，要想持续地推动经济增长、实现大繁荣，需要我们去解决一些根源性问题，比如如何调动大众创新、如何令大众实现自我发展。

❼ 中国发展轨迹这一短暂特征（指经常账户顺差）的影响，不仅有媒体高度强调的贸易错位效应，也有非常积极的一面。事实上，中国手中积累的国外资产净额的确起到了压低全球利率的作用。

❽ 当中国的生产力达到或接近美国的水平时，贸易会像现在一样重要甚至更重要吗？随着中国财富的不断增长，贸易将继续成为推动工资上涨的一股力量。

❾ 贸易是一只援助之手，它帮助一个与其他经济体隔绝的经济体重新站起来。而一旦这样的经济体全面运转，它将获得其他经济体所拥有的能力——就像中国正在做的那样，随着中国经济的发展，它将变得更加接近自给自足。

⑩ 创新的可能性对中国提出了疑问：向高度创新的经济转型将对中国人民的生活产生什么影响？中国要想拥有高度自主创新的潜力该怎么办？我们在新兴的自主创新理论中可以找到答案：它的性质、来源及其影响。

⑪ 因为未来是未知的，所以创新才有机会。一个国家的创新活动，无论是结果还是过程，都能给社会带来核心利益：更高、更广泛的工作满意度，更高的工资和就业率，以及减少不平等。自主创新的尝试需要大量活力——有抱负的创新者、投资者和债权人、新产品和新工艺的潜在使用者，以及整个社会中的活力精神。

⑫ 将生产率提升到西方最高水平的新产品和新工艺的主要来源只能是中国企业家大军的成功设想和创意。普通人并不缺乏想象力或创造力。这些人中的很多人一旦进入商业世界，就可以对产品和工艺提出新的想法。而还有一些人有洞察力，能够很好地预测哪些创造会在市场上成功，哪些不会。

⑬ 中国提高自主创新速度需要做到：第一，培养真正的企业家。真正的企业家会在充满不确定性的世界格局中找到企业发展的方向，他们拥有做出正确决策的能力，有智慧且有担当，他们会运用自身的能力解决新状况和新问题。第二，培育有创造力的公司。有创造力的公司应该是新想法的温床。这种创造力需要想象力、好奇心，还需要深入的洞察力——对新趋势的洞察力，这种洞察力通常被称为"战略眼光"。第三，改变对自主创新的看法。新产品和新工艺的诞生并不意味着自主创新的完成，自主创新需要将这种新产品或新方式广泛应用于社会。未能被广泛应用的创新只能被认为是一种发明。

⑭ 中国如何实现大规模创新？国家需要提供合适的激励环境，建立必要的制度，扫除创新的障碍，防止创新的想法和举措遭遇不幸。除此之外，广大民众也需要一起付出巨大的努力，只有民众有活力，创新才能发生，国家经济才能得到发展。

⑮ 中国的自主创新正朝着越来越好的方向发展，原因有四。第一，中国企业积极研究国外的产品和方法，在此过程中，企业会在这些产品和方法中得到启发，从而诞生新的产品和方法；第二，随着工资水平的提高，中国的出口行业为了生存，需要努力开发新产品和新工艺；第三，教育普及程度变高，普及教育为偏远地区的人创造了机会，令更多人分享到创新经济的好处；第四，地方政府变得更加公允，政策支持力度逐渐加大，这将为自主创新提供保障。

⑯ 改革开放以来，中国已经通过从海外转移、从沿海地区向内陆地区扩散、将工人从西部转移到更发达的东部等方式，从多个维度提高了生产力和工资水平。中国在未来几年将通过"草根创新"，让生产率和工资水平得到进一步提升，当更多中国人参与到创新之中，中国的经济包容性将进一步扩大，中国经济必将走向繁荣。

⑰ 中国的自主创新已经达到相当高的水平，但还没有达到世界最高水平。创新是很难的，即使一个极具创业精神的经济体，也不一定具有强大的创新能力。真正的创新取决于对新产品或新工艺的远见，以及对经济将如何对其做出反应的洞察。中国需要培养出更多拥有完整知识体系的创新创业者，初创企业的创始人受教育程度越高，企业就越容易成功。

⑱ 一个伟大的创新者，他不仅了解成本，而且会对销售有独到的见解。在中国，大规模的创新不仅需要人们有创新的意愿，还需要人们有洞察

力和远见。要想在全球舞台上创新，中国企业需要对产品有"感觉"，让全球用户都满意。

⑲ 中国当然可以通过自主创新实现国家的高度繁荣。几乎整个世界都处于创新能力匮乏的困境之中，有些国家已持续数十年。且几乎所有国家都没有找到出路。现在，中国率先走上"大众创业、万众创新"的道路。至少，这表明中国已成为"领航人"。如果这一方法行之有效，中国将是唯一一个实现繁荣的国家。

⑳ 人们一直在问，中国企业家是否具备成为创新者的气质和修养。现在有证据表明，大量中国企业有能力实现创新。对中国和七国集团国家自主创新的调查数据显示，中国在 20 世纪 90 年代已经排在第四位；在接下来的 10 年里，中国将超越英国和加拿大，排在第二位，仅次于美国。

㉑ 要想获得更快的发展，中国需要培养更多的科学家，同时，这些科学家需要从科研和教育中抽离出来，将其研究成果进行商业转化，这样才能创造出社会广泛应用的产品和方法，这是提高生产力所必需的。

㉒ "商业周期"已成为真实商业周期理论研究的那种波动：按照这种理论，随机（概率）过程产生的随机力会扰乱需求和供给，从而造成经济活动（以就业或工作时间来衡量）的波动。

㉓ 中国要避免陷入中等收入陷阱，这一点很重要。中国人也要避免陷入物质主义陷阱——仅以财富来衡量一个人成功与否，并且要避免满足于枯燥的商业经济。如果可能的话，拒绝那些只能提供金钱和工作保障的工作，选择迈向实现个人成长的不确定旅程。

❷❹ 中国经济仍有几个关键问题需要解决。第一，坚持促进民营企业发展，让市场更公平。第二，保持创新创业精神，经济的发展需要源源不断地大规模创新。第三，最弱势的工人群体的权益能否得到保障，要为更多的人创造施展才能的机会。

❷❺ 创新者往往是那些站在主流观念之外、"跳出思维框架"去进行思考的人。高活力的核心是创新的愿望——就算前方有障碍也要进行创新，或者在某种程度上正是因为前方有障碍所以更要进行创新。中国正在进行着许多高科技创新，继续在这方面进行努力对中国而言乃是明智之举。

❷❻ 人类的福祉不仅仅是消费和休闲，还有一部分是繁荣：快速增长的工资和挣工作的便利带来了物质上的繁荣，而非物质上的繁荣来自能带来有趣的挑战、激发创造力并促进个人成长的工作。

目 录

推荐序一　与费尔普斯教授同行　III
推荐序二　IX

第一部分
发展中的中国经济

01 从西方的角度看中国经济进程中各要素的作用　003
02 全球视野下的中国崛起　010
03 良好的经济绩效与经济结构、政策、制度的匹配　015
04 中国"消费主导型"经济时代来临了　033
05 影响全球和中国经济的周期性力量　037
06 社会主义与资本主义的优势与弊端　047

第二部分
创新创业与经济增长

07 自主创新的本质　057
08 创新战略是中国经济转型升级的主要推动力　064
09 中国自主创新的三个问题　071
10 经济动力是创新的源泉　079
11 《大繁荣》之火　087
12 经济发展活力根本在于教育　092
13 让教育点燃创新之火　102

第三部分 美好的生活

14 古今中外贤哲定义的美好生活　109

15 创新"万众"引领追求美好生活之路　118

16 中国成为全球经济创新主要源泉的时代来临　122

17 从高质量生活迈向美好生活　127

18 美好生活引导我们必须走向未知的旅程　138

第四部分 克服障碍，创造良好经济

19 经济之困：欧洲、美国和中国的"新常态"　147

20 荆棘之路：中国经济发展道路上的陷阱与障碍　156

21 破局之道：滋养活力，而非刺激需求　163

22 机遇之门：数字经济时代迎面而来　168

23 突破之光：中国创新照亮全球经济前行之路　174

24 未解之谜：人工智能的福利经济学和伦理学思考　179

25 海尔集团的创新体制与草根创新理论　186

26 创新、活力与中国经济发展　193

后　记　199

致　谢　211

注　释　213

推荐序一

与费尔普斯教授同行

我与埃德蒙·费尔普斯教授的同行始于 2010 年 6 月 15 日，那一天我们一起上任，他就任闽江学院新华都商学院院长，我就任闽江学院新华都商学院理事长兼执行院长。当天，我们在福州的倾盆大雨中，为新华都商学院大楼的奠基挥锹铲土。从那个时刻开始，我们一路同行了 8 年，获得了诸多成就，结下了深厚的友谊。在费尔普斯教授 90 岁生日纪念会之前，我们将他在中国的有关演讲翻译、汇编成书，作为生日礼物献给他。

后来我曾经跟费尔普斯教授开玩笑说，是因为他先接受了担任院长的邀请，我才同意担任理事长兼执行院长，是先有他后有我。如果这个学院办不好，第一责任人是他，而不是我。如今回看，这仍然是一种正确的逻辑推理。结果当然是至少我们在任上时新华都商学院办得很好。

新华都商学院的成绩显著。我们到任后，2010 年夏季的第一届招生季迅速到来，我们竭尽全力招到了多位本来能够进入"985""211"大学的高分学生；而当时，新华都商学院的招生主体闽江学院是一个二本院校。2011年，新华都商学院争取到了单独的一本招生资格，招到了更多的高分学生，而且学院招生录取分数线此后多年一直稳居全省第三，仅次于福州大学和福建师范大学。2012年，新华都商学院成立两年后，在闽江学院尚无硕士学位授权点的基础上，经我们的努力，新华都商学院获国务院学位委员会办公室和教育部批准，取得了工商管理硕士项目，并于5年后的2017年如期通过验收。这个硕士项目的申报过程一波三折，几乎是个奇迹。当最终答辩时，费尔普斯教授因在美国有预定的会议而未能到达现场，但是他写了一封信，他言辞恳切地向项目评审组表达了他会尽力和我们一起办好这个项目的决心。事后我们听说，有评委笑言，幸好费尔普斯教授那天没有到达现场，否则历史传闻会变成，一个诺贝尔经济学奖获得者领衔申报一个硕士项目，这听起来总感觉有些怪。

在我们同行的日子里，除了福州和北京，我和费尔普斯教授还一起去过厦门、晋江、上海、成都、温州、广州、顺德、昆明、常州、南京、博鳌、台北、苏黎世等地。我们在北京、福州、广州、昆明等地举办过5场诺贝尔奖经济学家中国峰会。历届峰会邀请了罗伯特·蒙代尔（1999年）、埃尔文·罗斯（2012年）、埃里克·马斯金（2007年）、罗伯特·席勒（2013年）等多位诺贝尔经济学奖获得者，以及第十二届全国政协原副主席王家瑞先生，第九、十届全国人大常委会原副委员长成思危先生，第九、十届全国人大常委会原副委员长蒋正华先生，第十一届全国政协原副主席张梅颖女士等担任国家级领导职务的学者，还有美国前总统小布什经济顾问委员会主席、哥伦比亚大学商学院院长格伦·哈伯德，法国前财政部长埃德蒙·阿尔方戴利，欧盟委员会工业署前署长斯蒂法诺·米科西，发展中国家科学院院士、北京大学国家发展研究院名誉院长林毅夫，著名经济学家吴敬琏等中外著名专家学者。

我与费尔普斯教授在时空中同行、在思想上同行、在事业中同行，也在情感间同行。写这一篇序言使我想起很多花絮，例如，中国请如此德高望重的学者担任学校院长是史无前例的，中美之间的税收减免协定只规定请美国专家来讲学和做科研可以减免税收，没有论及担任行政职务者如何处理；还例如，他来中国任职要办理外国专家资格认证，需要博士学位证书，但他的博士学位证书找不到了，而诺贝尔奖获奖证书又不能替代，所以他只好回到母校去办理了一份证明材料，证明他在半个世纪前获得过博士学位；再例如，按规定他还必须在福州市外事部门指定的一个小医院里验血、体检等来获得外国专家健康证明，这使得他的夫人薇薇安娜女士无法接受。

我在与费尔普斯教授的同行中，也不断地从他那里获得启示和教益，我们的讨论主要集中在 5 个方面：他的著作《大繁荣——大众创新如何带来国家繁荣》、社会活力、国家创新能力、社会制度创新、创业创新教育。

在闽江学院新华都商学院创办之初，我们就与时任闽江学院校长的杨斌教授有共识，先将新华都商学院拔高，再让闽江学院享受溢出效应。我和费尔普斯教授合作两个任期之后，经商量，2018 年我们将新华都商学院交回给闽江学院综合管理，以利于达到整体提升闽江学院学生的综合素质、将闽江学院升格为闽江大学的目的。经过 8 年的工作合作，我和费尔普斯教授成了好朋友，至今时间又流逝了 5 年，我们的友谊与日俱增。于我而言，他既是高山仰止的大师，也是有情有义的兄长。

我个人十分有幸在新华都商学院这个平台上与费尔普斯教授结缘，如他所说，我们的接触也起了化学反应。我说我为他工作，他说他为我工作，其实是我们一起为教育、为创新而工作，为中国和世界的大繁荣而工作。

费尔普斯教授于 2014 年荣获中国政府友谊奖，2018 年获"改革开放 40 周年最具影响力的外国专家"荣誉称号，他的著作《大繁荣》在中国热销了十余万册，也获得了时任总理李克强的好评。在中美关系扑朔迷离的今天，我们仍然相信中美理智合作的明天。因为美国和中国作为当今世界上最强大的两个国家，有责任和义务共同构建人类命运共同体，有责任和义务共同构建稳定和谐的全球市场经济体系，有责任和义务共同构建两国人民未来的美好生活。还因为，美国拥有像费尔普斯教授这样既睿智又有良知的学者和公民。

祝贺埃德蒙·费尔普斯教授 90 岁生日快乐！我对他的生日祝贺语不是"长命百岁"，而是"上不封顶"！

何志毅

清华大学全球产业研究院首席专家、北京大学教授

推荐序二

我曾为诺贝尔经济学奖得主埃德蒙·费尔普斯教授的前作《大繁荣》写序,研读《大繁荣》,令我醍醐灌顶,耳目一新。而今,我又受邀为费尔普斯教授关于中国的演讲集写序,倍感荣幸。

我通宵达旦地研读费尔普斯教授的演讲集,他用通俗易懂的语言为我们带来了短小精悍且观点独到的26场演讲,通过清晰简洁的概念、严密的逻辑,旁征博引,把至关重要的经济、教育等重大问题做了深入透彻的分析和解答,让我思绪万千,彻夜难眠。

这些问题如下:

如何用文化和制度保障人人充满活力,用创新和创造力创建美好繁荣的社会生活,获得物质享受、个性创造和思维自由的满足?

如何用最短的时间,提纲挈领地了解世界范围内著名经济学家和哲学家构建的相关概念、经济理论、价值主张和分析方法？

如何搞清美国、欧洲和中国社会的古今文化、制度、科技和经济之间的优劣与互补？

中国经济怎样才能健康增长，繁荣发展，赶超欧美？

什么是企业家精神？经济学如何与工商管理相结合，以指导企业家创新创业？

如何构建自己的人生哲学、追求个人的美好生活？如此等等。

如果没有费尔普斯教授，我们得花多少时间和精力，拥有多么深厚的学识底蕴，才能搞清楚这些问题呢？

王建国

北京大学光华管理学院教授、

新市场经济与管理研究中心原主任

第一部分

发展中的中国经济

01

从西方的角度看中国经济进程中各要素的作用[①]

对中国的经济学家来说,听到一个西方经济学家用西方的术语解释中国流行的经济政策,尤其是在国民储蓄、国家投资、出口进口和生产力发展方面所做的决定,可能会觉得很有趣。同样重要的是,中国学会了以自己的方式向西方人表明,中国的贸易顺差、经常账户顺差乃至进口替代都是合理的。

我首先来谈谈经济发展的本质以及生产力在经济发展中的地位。然后,我想讨论一下中国的经济体制。在此背景下,我会聊一聊自己对中国改革开放以来经济进程和发展之路的见解。我认为这种经济进程是一种最优的增长路径。

[①] 本文源于2005年5月30日至6月1日作者在北京人民大会堂举行的2005年诺贝尔奖获得者北京论坛上的演讲。这次演讲涉及作者与哥伦比亚大学的阿玛尔·毕海德和冰岛大学的吉尔维·索伊加合作研究的一些内容以及早期的工作,其中一些工作可以追溯到20世纪60年代。

最后，我想介绍一下中国经济增长的两个核心过程：第一，生产者的智慧（他们的知识和所受的教育），具体体现在他们选择对西方哪些技术进行"创新"以及如何应用所选择的技术；第二，用户的智慧，体现在他们选择对哪些创新技术进行采纳和学习。

一个人的全面发展通常意味着对一系列任务的掌握，并因此不断地发现和拓展新的才能。从古希腊的亚里士多德到20世纪的亨利·柏格森、亚伯拉罕·马斯洛和约翰·罗尔斯，西方的哲学家对此发展概念有着广泛的共识。我认为中国人也是赞同这个观点的。

一个国家要想持续不断、生生不息地全面发展，就必须不断面对新的问题，而不是一味地重复陈旧的问题。

因此，我想说，一个经济体在高度发达的时候，其大部分人都在积极参与解决新涌现的问题，而新问题是源源不断的、持续的。参与的人数越多，经济发展水平就越高。

生产力不是经济发展的组成部分吗？当然，一定水平的生产力是满足某些基本需求（如遮风挡雨和抵御严寒）的必要条件。但是，生存和各种物质享受并不是真正的发展。我想说，在有了这些基础的生活保障后，人类才能有更多精力去思考，从而有潜力去发展为真正的个人。因此，生产力是使发展成为可能的必要因素。进一步来说，如果生产力水平的提高能让更多的人从事具有发展潜力的工作，那么生产力水平的提高就能够促进更高层次的发展。

中国经济的构成是为了不断发展吗？答案肯定是"到目前为止，是的"。中国的经济架构是具有中国特色的社会主义市场经济体制。这个体制大幅提高了生产力和解决问题的能力，从而在很大程度上促进了人类的发展，尤其是当中国处于相对较低的发展水平的时候。随之而来的问题是，如果不对经济组织进行一些持续变革的话，中国的稳步发展是否会面临越来越大的困难。

从抽象的角度来说，关于中国的发展进程，我们可以假设它是中央规划和其他变量的总和，这些变量可以是出口和投资。这些变量的组成，如出口和投资，在某种程度上由市场的力量决定。因此，这些变量总体的构成可能反映了市场参与者的个人偏好。

看到除物质资本以外的资本也是很有帮助的，这意味着"投资"主要包含如何获取、学习和应用新的知识。国家或者国有企业从国外购买技术，而相应的市场其他参与者投入时间和金钱去学习如何使用企业引进的新产品或者国家要求引进的新产品。生产函数描述了每个产品的产出如何依赖于它所获得的劳动力和技术。

在过去，当中国还没有对外开放贸易和投资的时候，西方国家在技术进步方面领先。一个极端是商品生产率没有任何提高，另外一个极端是商品生产率大幅提高。

让我们假设一下，如果没有这些技术进步，中国和西方国家将是相同的；如果中国能够不计成本地完全获得这些西方技术，这两个地区将再次相同（在更高的工资水平上），那么中国和西方国家之间就没有贸易和投资的必要。

当中国对外开放并赢得国际投资者的信赖时，最初的生产率差距就会推动事态的发展。我们可以订购生产出来的商品，以使生产率最低的商品之间的差距等于零，并且商品的"高科技"越多，生产率的差距越大。

如果完善的自由贸易是可能的，那么中国可以优化性地出口生产率较低的产品，进口其他高科技产品。这样中国就不会想着购买西方先进的技术，因为中国从这种完全自由贸易中获得的收益是收购西方技术也无法超越的。

但是，中国如此之大，出口和进口也如此之多，以至于进出口贸易条件会对其不利，或者会造成高昂的进口运输成本，又或者如果西方不允许其资源的巨大转移，在这样的条件下中国将无法大规模出口，取而代之的是中国将积极地参与科技交流从而在进口方面自给自足。中国从技术购买（及其采购的动力）中获得的利益来自贸易条件的改善、运输成本的避免以及有机会获得西方商品——那些在规避西方贸易时无法购买的商品。

对中国来说，最佳选择是先从西方国家购买可以提高生产率的技术，把对科技水平要求低的产品的生产率提高到西方国家的水平，因为相同的支出无法使中国购买足够的可以和西方国家生产率相提并论的高科技产品。因此，随着中国科技不断进步，中国的生产竞争力也会逐步提升。

中国的技术进步速度有多快？与此同时，改善贸易条件和避免运输成本之后工资增长了多少？这将取决于中国的投资率（以每年的支出来衡量）。中国需要与西方国家保持贸易顺差，以此来支付特许权的许可协议的费用。中国需要有足够的账户盈余来购买一系列的技术。从中国的角度来看，西方国家所认为的异常和不受欢迎的"失衡"是最佳的。从特许权使用费和购买的角度来看，这对西方国家来说显然不是最理想的选择。

我们可以把中国的财富积累——包括国内对物质资本和技术的投资以及国家对国外净资产的投资——看作不断"优化"国家储蓄的过程。在生产力低下的最初阶段，相对于国民收入，中国的最优国民储蓄可能很大。

这些储蓄在海外金融资产的"投资"和技术的"投资"之间是如何进行分配的？许多西方政府抱怨不合理的"重商主义"。这似乎促使中国出现了巨额贸易顺差，而且（如果数据正确的话）还出现了经常账户顺差。因此，我们应该问，中国是否有充分的理由保持顺差？

一个简单易懂的分析表明，最初，中国将购买金融资产，直到其积累到足以购买用于生产某些低技术产品的"全部"技术为止。然后，中国将再次积累金融资产，为购买下一套新技术做准备。即使技术不是完整的，但技术无穷小的增长也会带来无穷小的收益。尽管如此，中国仍然会对海外金融资产有"预防性需求"，以便为不可预见的技术购买机会做好准备。

关于这个问题，还有一点需要指出：现有的许多关于中国的评论似乎没有理解，如果中国要从西方国家购买技术转让，它将不得不出口一些自己的产出来支付购买技术转让的费用。即使中国被允许先使用这些技术，然后再付款，情况也是如此。如果中国立即购买它将要购买的所有技术，那么它将需要一个永久的贸易顺差来支付资本支出的利息。

这方面还有一个更大的问题需要说明，它涉及整个发展过程。

普遍的观点认为，中国的最佳储蓄率几乎不受经济环境带来的投资减缓的影响。假设中国人必须"学会"喜欢消费进口商品，比如西方国家的汽车，或者他们必须学会使用进口商品，比如学会开车。这将导致消费者购车滞后，并抑制消费进口的增长；在理想情况下，中国的储蓄将持续下去。

中国要为未来的汽车进口激增和未来的技术购买激增做好准备，以便能够在国内生产更多可购买的汽车。这种预期储蓄的过程，即随着时间的流逝储蓄趋于平稳，导致进口水平较低，但消费者对汽车需求增长的滞后性导致出口居高不下。中国正在为未来的进口激增和未来的技术购买激增而储蓄。

了解汽车的工作原理和使用方法所带来的复杂性，这让我想起我与理查德·纳尔逊在 1966 年发表的论文中提到的问题。一种投入的普及不是瞬间就发生的，例如一种新肥料，其扩散的速度取决于有关化学和其他学科的知识，这些知识有助于衡量投入的有效性和危险性。同样，西方国家汽车的普及在一定程度上也取决于人口的教育程度及其对相关机械的了解程度。现有的教育程度越广泛或越好，汽车普及的速度就越快。在从现有的西方技术中选择最适合引入中国的技术的过程中，中国也会遇到同样的学习困难。采购技术的人员所受的教育，特别是对技术的了解和一定程度上的商业知识，将决定他们如何在现有技术中做出选择。教育还会影响从对科技的认知到采购的速度。

因此，在当前的教育水平和技术专业水平下，决定和谈判技术转让也需要时间。技术筛选和接纳的学习成本与吸收西方消费品的学习成本是有相似之处的。首先，这两个学习过程都减缓了中国引进西方技术的速度。创新决策和扩散技术中的学习成本都是阻碍因素，减缓了技术购买的最佳速度，从而阻碍了生产率的增长。其次，这两个学习过程都会导致储蓄率超过对西方技术的投资率，结果就是出口超过了进口。

02

全球视野下的中国崛起[1]

正如20世纪80年代人们关注的是西欧和东欧的停滞，20世纪90年代人们关注的是与信息革命相关的投资热潮，21世纪前十年人们关注的是规模相当庞大但仍在快速发展并向全球经济扩张的中国。中国这一成就对世界其他地区产生了若干影响。

其中一个影响是对经济思维的影响。中国20年来的快速发展，打破了人们所认为的不发达、不容易摆脱的传统观念。此外，取得进展的前提是没有对现有企业进行大规模私有化，并且银行系统处于相当程度的国家控制之下，而不是新自由主

---

[1] 本文源于2005年7月14日作者在罗马举行的中国与欧洲会议上的演讲。

义的发展方式。当然，快速增长并不等同于高水平发展。哈里斯-托达罗的城市化和技术转移机制不足以带来自主创新和刺激就业。此外，最不发达国家无法轻易模仿中国的发展路线，因为这些国家已经广泛地发展了城市和工业。

经过25年的发展，中国的出口导向（目前占国内生产总值的近40%）以及在制造业方面取得的技术进步，使劳动力从农村转移到城市，并且工厂效率的提高促进了工资上涨，进而提高了中国民众的经济福利。

本篇文章主要是关于中国崛起的影响，而不是其原因。但我必须指出，经济发展并不完全是机械地将劳动力转移到城市，并为其配备最新的技术和资本，以实现长期被压制的比较优势。任何一个大型的发达经济体都有成百上千的比较优势，其任务就是找出这些优势并成功地加以利用。中国一直在努力扩大高等教育的范围，如在需要的情况下，派遣一些留学生到新加坡和英国学习，包括去商学院学习。这一努力对中国来说是必要的，它能够帮助中国选择总体上良好的投资方向，并能够为中国所进行的商业投资提供有能力的管理人员。

迄今为止，中国的发展对世界上其他地区有什么影响？从长远来看，它又会产生什么影响呢？从很多重要方面来看，其短期影响是非常消极的，特别是对其他在工业化道路上走得很远的发展中国家来说。墨西哥是最近对出口轻工制造业进行大量投资的国家（墨西哥是李嘉图认为的扩展边际）。如今，随着中国制造业出口的激增,墨西哥发现自己的贸易条件恶化,其刚成立的出口部门受到威胁。尽管劳尔·普雷维什反对拉丁美洲对外出口并提出警告,其似乎已被东亚奇迹经济体(中国台湾、韩国等)的成功证明是毫无根据的,但是现在看来,被这样的成功故事欺骗了的墨西哥现在因其大胆而遭受着"普雷维什诅咒"。此外,墨西哥的经验可以解读为,对其他尚未推动出口的欠发达经济体来说,这个靠出口来发展的可能性已经被关上了大门。这一切无疑是如今拉丁美洲大部分地区被悲观情绪笼罩的一个重要原因。[1]

中国进步的另一个负面影响是对薪酬差距分布的影响,尤其是对底层的那部分人。在美国和其他大多数国家,相对弱势的人群往往依赖工厂的工作来谋生。因此,随着中国逐渐压低世界市场上制造业产品的相对价格,其结果是制造商支付给这些低工资工人的实际工资进一步降低。在20世纪90年代初期和中期,美国担心海外制造业产品的供应会压低低端工资。但是,关于制成品和进口价格普遍疲软的证据很少。当时,我认为有许多失业工人离开了劳动力市场,或者一直处于失业状态,固执地寻找他们能接受的东西,而不是接受较低的工资;然后,投资热潮到来,结束了争论。现在,总就业率已经恢复到繁荣的水平,底层工人工资的下降相对于总劳动生产率(相对于每工时国内生产总值)的下降在数据中是非常明显的。然而,美国的这种相对下降幅度并不大,因为美国早先并没有严重依赖制造业来提供就业机会——相当长一段时间以来，美国经济一直以服务业为主。当然，人们担心服务业也无法幸免，因为服务业外包率将会增长并压低服务业的实际工资。

但未来还是有希望的：我们有理由相信，或者至少是抱有希望，从长远来看，中国将发展成一个与西方发达国家（包括美国）非常相似的经济体。如果这种情况真的发生，或者接近这种情况，中国在服装、耐用消费品和其他轻工业品出口方面的劳动力将不再廉价。随着这种向经济前沿的推进，建立在中国和西方技术差异基础上的贸易将会消失。剩下的将只有基于特异性差异的贸易，这种历史差异解释了意大利与法国之间或英国与爱尔兰之间的大多数贸易。[2]

与此同时，由于中国尚未跻身世界经济的前沿，中国经济发展的另一个方面也受到了极大的关注。那就是中国近年来长期存在的经常账户顺差。一些媒体评论员将由此产生的储备积累视为"重商主义"，但这没有什么说服力。许多学术观察人士持有经典的静态观点，认为贸易顺差只是一个政策错误。阿玛尔·毕海德和我在2005年写的一篇论文中认为，盈余——当然在一定程度上——是完全合理的，而且可能是最优的。我们建立了一个基本模型，在这个模型中，早期的贸易顺差对于实现最优增长轨迹至关重要。这种新的观点基于以下两个特征，它们影响了典型的落后经济体和典型的发达经济体之间贸易的发展：首先，前者的最初比较劣势是后者的技术进步不平衡的产物，因此前者可以通过购买技术转让来消除劣势，这种技术转让的费用可以由出口相对于商品和服务进口的盈余来支付。此外，储备积累可以用来购买大量的专有技术。其次，新产品的传播需要学习，而学习需要时间，因此落后的经济体最初缺乏对一系列西方消费品的了解，从而延迟了对这些商品的进口需求。[3]因此，中国表现出经常账户顺差是相当自然的。二战后几十年来欧洲大陆的赤字跟中国不是一个模式，因为这些前经济体已经是"发达国家"并熟悉西方商品。

中国发展轨迹这一短暂特征的影响，不仅有媒体高度强调的（部分负面的）贸易错位效应，也有非常积极的一面。经常账户顺差正压低全球实际利率——很有可能压低整个收益率曲线。当收购海外资产时，中国必须抬高它们的价格。事实上，中国手中积累的国外资产净额的确起到了压低全球利率的作用。这种效应促进了西方国家的投资。

03

良好的经济绩效与经济结构、政策、制度的匹配[①]

我很荣幸也很高兴在中国论坛上发言。既然论坛给了我大量的时间，让我来阐述自己的观点，那么请允许我首先做个自我介绍，特别是介绍我过去在经济研究中关于国民经济的独特观点。

我是一个经济理论家。我主要的研究方向是经济体系，但这是什么体系呢？我的贡献大部分都属于我所称的现代经济学范畴，即对在行为者信息不完善或知识不完善（或两者兼而有之）的系统上运行的经济的理解。我的工作由我对宏观经济的发展的兴趣驱动，也就是对经济发展的兴趣和对总体经济活动

---

① 本文源于 2004 年 5 月 29 日作者在北京举行的中国论坛上的演讲。

的兴趣。所以，贯穿我大部分理论工作并反复出现的主题是知识、信念、信息、期望、探索，以及在宏观经济背景下的问题解决——投资、研究、创新的采用、工资和价格的设定、失业、经济衰退和繁荣，以及人类的成就。

我的研究始于20世纪60年代早期，当时我在耶鲁大学的考尔斯经济研究基金会工作，我从事的领域是所谓的"增长经济学"——固定资本投资工业研究和教育对提高生产力的影响。当我进入这个领域时，我主要研究实物投资的决定因素和影响。我自己在这个领域发表的第一篇论文《资本积累的黄金法则》同样侧重于实物投资。但我的好奇心很快转向了非物质资本，比如技术。在后续论文中，我模拟了工业研发支出与技术进步速度之间的联系；我将黄金法则的计算扩展到研发的资本支出，换句话说，就是优化技术进步。[1]（我想在此指出，这些论文研究了整个世界的最佳状态。我可能没有意识到一个推论：从国家的角度来看，只有规模足够大的国家才会觉得旨在研究技术前沿的理论是最佳的。在21世纪，中国和印度将与美国和欧盟一起成为世界工业研究的主要国家。）

我还研究了用户对创新的采用，以及其对技术传播的推动。20世纪50年代的教育理论认为，文科学生"学习如何学习"。我与理查德·纳尔逊撰写的一篇论文提出了技术前沿的概念，并指出，一个经济体越前沿，劳动力中受过文科高等教育的比例越高，其实际技术水平的增长就会越快。一个国家可能有在创新或模仿海外新产品方面做得很好的公司，但是，如果很少有管理者和消费者接受过必要的教育，能够评估和充分利用这些新产品，那么这些新产品的应用过程将是缓慢的——因此，企业将没有动力去创新或复制新产品。对我来说，经济增长需要新知识的创造或输入，也就是创新，并在整个经济中传播。

在我研究的中期，即从20世纪60年代后期到70年代末，我主要关注经济活动水平，即就业和失业率。我探索了微观经济学的基础——工作满意度、员工流动率和后来所谓的自然失业率。我对自然失业率的研究揭示了决定自然失业规模的机制，这种机制也包括员工辞职（员工逃避是后来由其他人提出的）。20世纪80年代末和90年代初，我对理论经济进行了一般均衡分析，以展示一些因素是如何通过影响雇主对雇员的估值和招聘成本来影响失业率的。这传递出的信息是，自然失业率很容易在十年或不同的时代之间发生较大的波动。从20世纪50年代中期到70年代中期的辉煌时期，欧洲的低失业率是一个例外，这是由投资率——投资新工厂和在某种程度上投资设备，以及投资新的海外客户和新员工——的激增推动的。

我必须提到20世纪90年代末这项研究的进一步发展。我发现，对未来技术进步（进而是生产率）激增的新预期，通常会导致当前的繁荣。基于新员工未来的生产率会比之前预期的更高，新员工的价值会立即增加；而与此同时，雇用更多员工的成本（或机会成本）并没有增加。矛盾的是，如果预期实现了，生产率实际上也如预期的那样飙升，这将导致繁荣以及就业增长的减缓。与建立在新古典主义路线上的所谓的"真实商业周期"理论相比，这是一个非常棘手的变化。

这意味着，大部分（如果不是全部的话）经济大繁荣都是前瞻性思维改变的结果。在美国，20世纪20年代是对未来十年（20世纪30年代）预期高涨的时期，这些预期创造了投资热；20世纪30年代，正如预期的那样，生产率大幅提高，就业率却很低。20世纪50年代是另一个十年，在这个时期，公司投资商业资产，家庭投资公司股份，人们也对未来十年充满期待，因此，除了最后几年，20世纪50年代的就业率非常高。20世纪90年代是人们对未来寄予厚望的最近十年，在这十年的最后五年，又出现了高投资和高就业率。而且，可以肯定的是，在最近十年中，生产率一直在迅速提高，正如20世纪90年代显而易见的高股价和企业热情所预示的那样。

20世纪90年代，由于苏联面临的问题引起了我的兴趣，我开始朝另一个方向进行探索，致力于研究制度的选择。当然，诸如产权之类的法律制度对于市场经济至关重要。但是市场经济在其经济制度上各不相同，而市场经济所依赖的制度体系至关重要。人们有必要了解为什么20世纪80年代市场经济在波兰和匈牙利失败了，为什么我们期望一些人寻求进一步的市场经济试验也将是一个错误。现在，大概是我研究的最后一个时期，我正在试图将这些方面结合起来：表明即使在西方发达经济体中，一些经济制度也可能成为良好经济绩效的障碍，而其他一些经济制度可能是有力的帮助。

什么是高绩效以及如何实现高绩效

一个国家对其经济制度的选择必须从经济绩效的概念开始，即什么是良好的商业生态。显然，处于工作年龄的人们希望有广阔的职业发展空间，这就要求各种工作的工资率都很高，因此生产率才会高。所以，较高的生产率是较高的经济绩效的要素之一。此外，除非一个经济体的参与者（包括那些在该国从事商业活动的人）有繁荣和发展的感觉，否则它就不是真正意义上的良好经济体。这两种品质都要求可提供的工作不仅能得到金钱上的回报，而且这种工作供应充足；繁荣的感觉不仅来自薪水，还来自工作中的活动，这些活动引导了就业者的思想并使他们积极参与解决问题；发展或持续发展的感觉来自能引导人们发现自己的才能并扩展自己能力的工作。这种个人成长是工作满意度的一个基本组成部分，它促进了劳动力的高度参与，它还有助于提高员工的士气，提高员工的忠诚度，从而降低失业率，并增加此类良好工作的数量。

这些繁荣和发展的过程是可以衡量的。一个国家的生产率和失业率是其经济绩效的主要衡量指标。它们总结了各种更基本的注意事项。高生产率表明各种工作中的工资率很高，因此人们可以选择多种职业，收入也很高，进而可以负担得起正常运转所需的舒适生活和饮食等。低失业率表明，劳动力可以很容易地在各种岗位上找到空缺，很少有员工出于不满而辞职，并且短期的工作也很少。

劳动力参与是经济绩效的另一个维度的指标。居高不下的劳动参与率表明，人们普遍看好现有工作及其支付的工资。此外，劳动参与率是经济绩效另一个维度的指标，通常被称为经济包容——融入主流经济：一方面，它可能反映了主流工作在多大程度上为人们提供脱离家庭和国家的经济独立性；另一方面，它也可能反映了人们获得主流工作机会的程度和广度，从而表明该国在消除包容性障碍方面的成就。

当然，要对这种发现和发展进行直接测量是困难的。然而，我们有理由假设，这种个人成长（从一个时代到另一个时代或从一个国家到另一个国家）的增长是通过参与率明显提高、员工流动率的降低以及失业率的降低来预示的。因此，从某种意义上说，繁荣程度可以通过商业活动的水平——参与率、失业率和活动率——很好地体现出来。

因此，有关经济绩效的主要国家统计数据通常可以被说成是其所描述的经济的基本健康状况的指标，就像病人体重、血压等测量数据通常是病人健康状况的指标一样。但是，一个非常健康的经济统计数据可能包含一些"假阳性"（带有"误报"）的统计数据，这导致不谨慎的观察家认为，当经济仅遭受严重的外部冲击时，经济是"有病"的，需要进行改革。一个不健康的经济有时可能会享受有利的风向,给它大量"假阴性"的统计数据,以掩盖其不健康的结构。因此,我们如果不想被误导,就必须明智地使用这些总是很有趣的"指标"。那么,当将最近的国家统计数据与20世纪60年代辉煌时期的统计数据进行比较时,我们绝不能草率地得出这样的结论:相对于经济合作与发展组织的其他成员国,当时西欧大陆的经济表现良好,而现在其表现更糟了。事实上,我们相信(并提出了证据),一些异常的市场力量是光鲜亮丽的统计数据的主要驱动力——而不是经济政策、经济制度和经济文化影响的短暂黄金时代。[2] 如果是这样的话,正是最近几年不光彩的岁月,尤其是20世纪90年代中期,所有经济合作与发展组织经济体都更接近于稳定增长的状态,才能更好地揭示欧洲大陆经济体相对真实的健康状况,而不是辉煌的岁月。(总体而言,不知西方大陆经济体的结构是否已经恶化,如果是的话,其恶化程度如何还不得而知。)

显然,良好的经济绩效必须依赖经济结构、政策和体制的构架。这种结构的哪些特征是至关重要的?在回答这个问题之前,请允许我先回答一个问题,这个问题的答案我已经暗示过:当人们观察到一些经济体的财富经历了重大变化,但它们的结构似乎没有发生任何重大变化时,我们如何判定经济表现不佳是经济结构不佳的原因呢?欧洲就是一个例子。我的回答是,一个经济体的财富可能是被该国外部的良好市场机会激励的，但这并不表明该国经济在过去或现在拥有良好的内部结构。

福利国家会阻碍良好的表现吗？或者会推动良好的表现吗？多年来，我（比大多数人更积极地）辩称，欧洲福利国家的崛起是20世纪80年代在欧洲出现的并在很大程度上延续至今的就业问题的一个重要根源。

如果发达经济体潜在绩效的很大一部分是工作机会所带来的刺激和挑战以及随之而来的人才发现和发展（这可能要求对经济结构进行有针对性的创新），我们应该准备好在经济结构中找到很多并且很可能是大多数高绩效的来源。这部分经济结构决定了在工作场所解决问题和个人成长的机会，因此，其蕴藏在大陆国家的经济制度甚至经济文化中，而蕴藏在涉及税率和收益率校准的那部分结构中的相对较少。

相比之下，新自由主义者和供给学派将他们的信心寄托在降低税率和更好地调整各种其他政策参数设置上。供给学派认为，不适当地增加个人收入的平均税率和对公司工资单征收的社会缴款是失业率上升和参与率降低的主要原因。

是否有证据表明这些政策设置是导致绩效不佳的重要原因，而对其进行纠正是一种重要的解决方法？失业率上升时（或之前）税率上升的事实在欧洲大陆并不具有说服力，因为许多其他事态的发展都与失业率上升同时发生或在此之前发生。要获得对提高或降低税率对失业率的影响的一些估计，我们自然需要进行更严格的测试：询问在当前时代（或在一个早一点儿的时代），造成经济合作与发展组织成员国的发达经济体之间的失业率差异的部分原因是不是国家间劳动力税率的差异。[3]

图 3-1 和图 3-2 表明，无论如何，在相当大的范围内，高平均税率对失业率的影响都相当小。即使是税收很高的丹麦和瑞典也没有相对较高的失业率和较低的参与率。新自由主义者可能会回答说，许多高税收国家恰好具备一些补偿条件，从而避免了高失业率和低参与率。

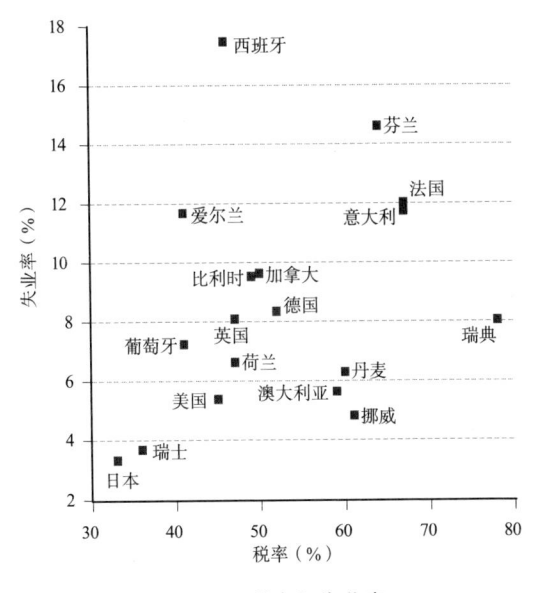

图 3-1 税率和失业率

注：失业率（经济合作与发展组织）是 1996 年测算的。税率取自 Nickell（2003），用于测算工资税率、所得税税率和消费税税率的总和。税率数据为 1988—1995 年的数据。

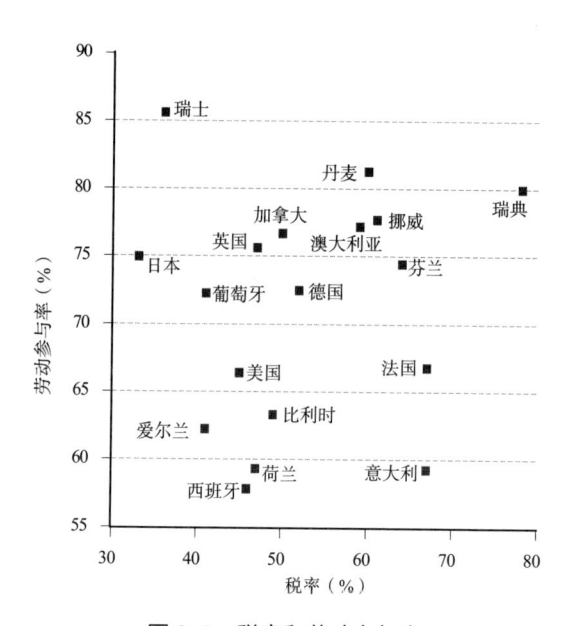

图 3-2　税率和劳动参与率

注：劳动参与率（经济合作与发展组织）是 1996 年测算的。

一个进一步的测试是询问在战后早期和较近期发生的劳动力税率增加的国家间差异是否与失业率的上升和参与率的下降的国家间差异密切相关。

图 3-3 和图 3-4 表明，在历史范围内，各国平均税率的年代际变化很少或者几乎没有能力去解释十年间失业率和参与率的变化。两幅图中出现的一些小影响可能是暂时的，而不是永久的。[4]

这些发现并不能证明税率根本不重要。就我们自己而言，我们坚信，特别是工资收入税率的提高，会对中期自然失业率产生暂时的影响——除非出现新的冲击，在短期内均衡失业率

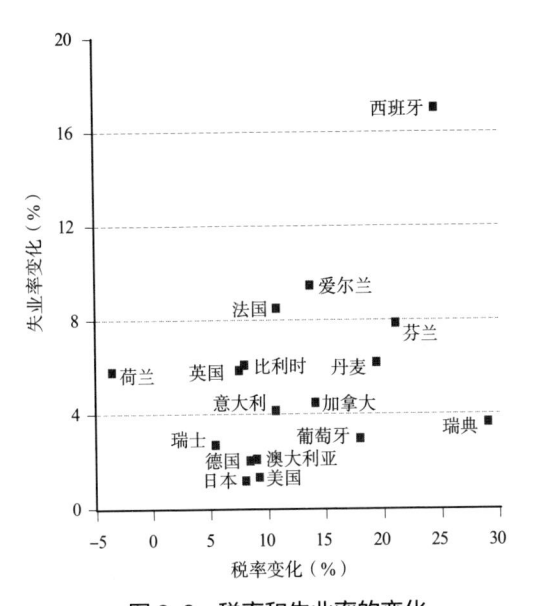

图 3-3　税率和失业率的变化

注：税率变化是用 1960—1972 年和 1988—1995 年的平均值之差来衡量的。

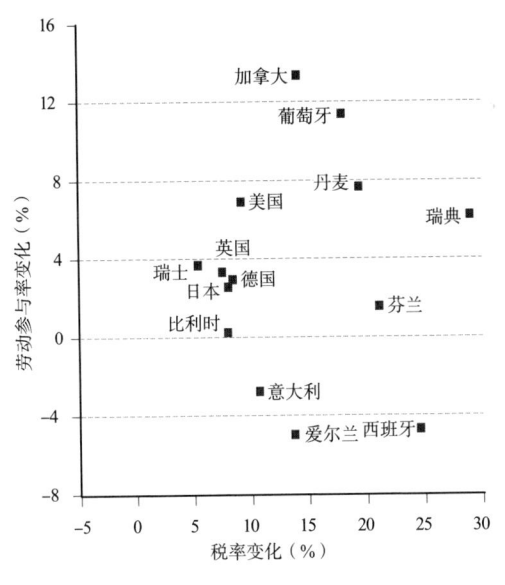

图 3-4　税率和劳动参与率的变化

将会接近这个水平。⁵ 但我们也相信，如果财富积累的速度因税后收入的减少而减缓（除所谓的李嘉图模型之外，其他所有模型都是如此），那么私人财富向较低水平递减的趋势往往会抹去大部分短期效应。原因是，决定劳动力供应数量和员工忠诚度的——辞职、逃避责任和其他决定失业数量的行为——不是绝对工资，而是工人工资与他们所积累的财富（或从中产生的现金流）的比率。因此，永久效应的存在取决于财富的最终下降是否与税后工资率成正比。⁶ 这种失败是有可能发生的，因为财富包括社会财富——社会立法所提供的权利的当前折现价值——以及私人财富；仅仅因为增税降低了私人财富，社会财富就应该下降，这是没有理由的。事实上，近几十年来，税率的显著提高是为了增加社会财富；在失业率随着立法而上升的地方，人们指责增税，而实际上，这是社会财富增加的原因。

鉴于上述理论的局限性，我们不难发现，上文所使用的税率在解释生产率差异方面并没有发挥更好的作用。

新自由主义者关注的另一个政策参数是"替代率"，它表示，如果工资收入者失业，其工资收入比例将被福利取代。从理论上讲，预期替代率高的员工在他的工作中所占的股份会减少：他可能会减少对工作的投入，从而逃避责任，更容易辞职。⁷ 其他人则强调了对失业者的激励措施。⁸ 工资替代延迟并削弱了失业人员接受新工作和寻找新工作的意愿——工资替代越多，替代率就越高。

然而，图 3-5 中并没有显示经济合作与发展组织成员国在 20 世纪 90 年代中期的替代率和失业率之间的显著相关性。[9] 从图 3-6 中可以看出，20 世纪 60 年代至 90 年代十年代际替代率的增加与年代际替代率的增加之间没有明显的关系。

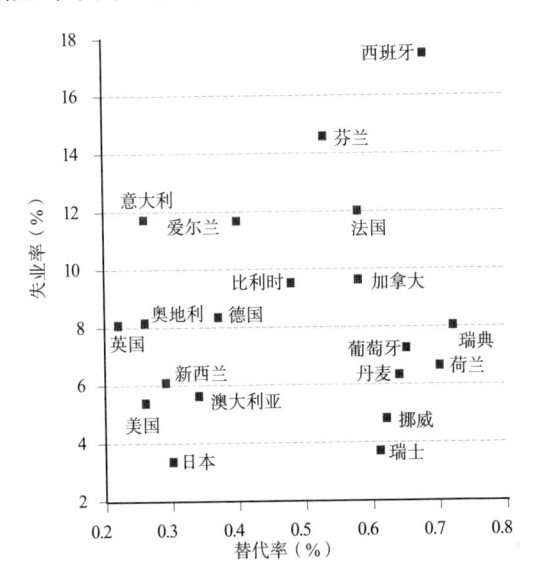

图 3-5　失业率和替代率

注：替代率取自 Nickell（2003）。替代率数据为 1988—1995 年的平均数。

我们应该考虑税收和替代率的影响是否存在，但这一影响可能因遗漏其他可能有影响的重要变量被掩盖。斯蒂芬·尼克尔和其他几位合著者试图用一系列假设变量来解释经济合作与发展组织成员国失业率的差异，这些变量包括税收、替代率及其持续时间。[10] 这一方案很好地契合了 20 世纪 70 年代和 80 年代各国间失业率的差异。然而，它并没有很好地反映 20 世

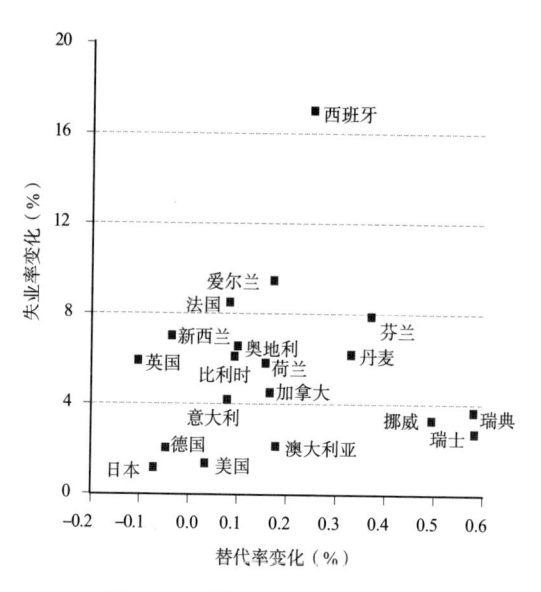

图 3–6　替代率和失业率的变化

注：与图 3–3 和图 3–4 的时期相同。

纪 60 年代和 90 年代的差异。正如我们所看到的，前 20 年取得了很好的结果，因为这两个十年的前几年都出现了失业激增；替代福利（包括水平和持续时间）在决定过去十年中失业人口转化为就业的激增速度方面发挥了一定作用；相比之下，20 世纪 60 年代中期和 90 年代中期看起来更像是稳定状态。此外，几十年来一系列措施的变动一般不能解释在 20 世纪 70 年代至 80 年代许多国家失业率上升，而在 20 世纪 80 年代至 90 年代一些国家失业率下降。[11]

在过去的十年中，对供给侧理论的研究得到了扩展，包括新古典主义模型中出现的许多其他"政策变量"的表述设置，这些变量在理论上注定不会产生永久性影响。我们可能会在这里提到我们自己的研究，这一研究估计了我们的社会财富（或社会收入）变量对经济绩效的一个维度——失业率——的影响。[12]我们可以合理地说，衡量这些进一步的供给侧力量——社会财富、公共支出（比如政府采购）、私营部门资本存量、公共资本存量、企业利得税率等——对经济绩效的可能影响，尽管有时在统计上意义重大，但其影响也小得令人失望。

如果我们有关发达经济体的概念不是围绕消费和休闲，而是围绕商业生活的吸引力和回报——解决问题、发现和发展人才以及可能产生的成就，那么毫不奇怪的是，这些政策参数尽管在供给侧分析师普遍采用的新古典主义观点中很重要，但只要在一定历史范围内，它们就不会对失业率和参与率产生太大影响。我们很难理解为什么新古典主义对工作-休闲替代的关注会成为焦点。降低福利国家的标准、削减政府采购或增加资本存量，都不会让工作更有吸引力、更有回报，抑或让劳动参与率更高、失业率更低。只有合理的期望才能得到有限的结果。这也许就是为什么欧盟委员会增加欧洲大陆桥梁和隧道储备的计划被许多人视为一个笑话，即使他们不知道这为什么好笑。欧洲大路上建设更多的桥梁和隧道，似乎不太可能对这些国家明显缺失且日益严重的繁荣做出显著贡献。如果是这样的话，它们对参与率和失业率的影响将是微不足道的。而且，它们的生产能力是否足以偿还资本成本也令人怀疑。

接下来讲经济制度的作用。我的论点分为两部分。首先，一个国家要想实现如此高的绩效，就必须有生产力的变化，我称之为经济活力。很明显，对受雇者来说，要想成功，工作场所必须具有变革性的刺激和挑战，因此需要解决新的问题，需要完成新的任务，需要获得新的能力。不那么明显的是，一个国家不想误入歧途或发生毫无意义的变革；它希望在金融部门看来具有良好前景的投资能够带来富有成效的变革，从而提高生产率。在20世纪90年代末，我意识到我亲眼看见的越来越多的证据表明，低活力与低经济绩效，尤其是低繁荣程度有关。在经济合作与发展组织的12个大型经济体中，有3个经济体尤其缺乏活力，即德国、意大利和法国，它们错过了投资繁荣，或者来得太晚。这3个经济体过去和现在都有相对较高的失业率和较低的劳动参与率。

其次，一个国家的经济活力程度取决于它的经济制度，比如公司法和公司治理，民众为商业生活所做的准备，以及各种金融工具的发展，而不仅限于一般制度，例如法治和提供足够的个人和国家安全，以允许人们获得收入、储蓄和投资。我在论点的第二部分也有证据。通过了解繁荣国家的实力，也就是了解这些国家在1990年前拥有大学学位的人口比例，经济合作与发展组织开设新企业所需的许可证指数，以及以流通在外的股票市值（相对于国内生产总值）为代表的证券交易所的广度，你可以很好地预测出这12个国家的排名。

这一证据表明，一些制度激发了活力，如广泛的股市，而一些制度抑制了活力，例如对新企业的许可要求，这是在理解经济方面向前迈出的一步。一些理论家曾认为，只要保护私有财产，所有的市场经济都是平等的。但是，对欧洲和美国政客最近面临的经济改革问题来说，这些支离破碎的证据毫无价值。

我们今后的实际任务是识别最有助于促进活力，从而提高工作满意度、就业率和工资率的经济制度，并找出严重阻碍活力的制度。对于这项任务，一些选取候选人的指导性原则显得至关重要。对此，一种似是而非的假设是，很多（尽管肯定不是全部）资本主义制度是有用的制度，在资本主义程度最低的经济体中发现的一些非资本主义制度（尽管肯定不是所有这些制度）会严重破坏活力。这里的资本主义并不意味着没有福利，这些国家处于监管程度最低的状态。资本主义的关键特征很简单，大部分私人投资都是由私人企业家与私人金融家或普通投资者互动进行的，没有来自社区和国家的太多干预。

许多观察家看到，在许多资本主义程度较低的经济体中，存在着独特的反体制。在1925—1940年的战时，一种反体制在欧洲大陆形成并蔓延到南美和东亚，这种制度通常被称为社团主义。社团主义制度包含直接干预经济决策以赋予利益集团保护和否决权的机构：工会、工人委员会、雇主联合会和大型银行，所有这些机构均受到保护，免受外国或国内局外人的竞争。问题是，几年前官方的社团主义国家在多大程度上摆脱了社团主义的运作方式和社团主义的思维方式。

正如我和其他一些人看到的,这些特殊的社团主义制度(在某种程度上它们仍存在于某些大陆经济体中)并不一定会阻碍其他经济体对已告知和无争议的进步的模仿——见证了大陆在战后几十年间的"追赶",但它们是抑制本土创新的"镇静剂"。如果是这样的话,就某种程度上来说,如果一个大陆国家保留了这些社团主义制度和社团主义的思想习惯的残余,那么,它们可能比国家的福利制度更能解释对商业生活的疏远、创新的缺乏、低参与率以及普遍的高失业率,而这些问题在欧洲已经非常普遍。

用过去的数据来检验这些想法并不容易。但我们希望,这种测试最终产生的结果可以用于经济改革决策。

04

中国"消费主导型"经济时代来临了[①]

值此中国加入世界贸易组织十周年之际,让我向中国政府和人民表示祝贺,祝贺中国经济在短短几十年里取得如此巨大的成就。我感受到了这种发展的一部分:我于2003年来到中国,2010年年初,我成为闽江学院新华都商学院的院长。

当然,中国对全球商品市场的开放促进了这一发展。首先,从生产供国内消费的商品到出口市场的商品,大量的劳动力和资本被重新分配。这些出口商品的价格远高于继续生产国内商品的价格。这种资源转移提高了(静态)经济效率。假如总资源投入的30%——资本和劳动力服务——被转移了,那么如

[①] 本文源于2011年9月8日作者在厦门2011国际投资论坛上的演讲。

果这些资源的价格上涨200%，国内生产总值和每个工人的平均工资就会立即增长60%。

在中国改革开放后的第一个十年里，中国国内生产总值的增长在很大程度上来自贸易利得。

其次，这种经济收益扩大了增加消费和增加投资的机会。各种投资支出都有显著的增长。（如果以前的年度投资仅占国内生产总值的30%，而消费未能占到国内生产总值增长的一部分，那么年度投资就可能翻番。）每年，这些额外投资中的一部分流向了商业领域。在过去的十年中，商业领域的工厂和设备数量大幅增加。（商业资本存量很容易在十年内翻番甚至增加三倍。）额外投资中的另一部分流向了城市的住宅楼。可以想象的是，这两次增加的资本存量在未来十年将占国内生产总值的60%。

请注意，国内生产总值的部分增长将以商业和住宅投资进一步增长的形式出现。因此，增加投资流动和由此导致的资本存量增加的过程将会重复。但是，在接下来的十年中，由于收益递减规律，国内生产总值的增长将低于前十年。

再次，在这一过程中，中国投入了越来越多的资金，其不仅能够利用这一过程开始时最先进的技术，而且可以利用新技术发展所创造的额外机会，比如那些基于互联网的技术发展：中国可以"进口"美国和世界其他地方的创新技术，将它们"体现"在一些可用的新资本中。例如，中国可以以供应商的身份参与一些在过去10年或20年中形成的新产业。因此，中国有可能获得海外创新带来的一些新的收入。

最后，凭借在这些生产过程中获得的所有经验，中国得以构思和设计（实施）自己的新产品，并希望其中一些产品能在中国和全球经济中找到市场。例如，百度在互联网搜索方面做出了一些创新。在前几年欧洲技术的基础上，中国进入高速列车中的前列。

自2000年以来（甚至自20世纪70年代中期以来），美国经济表现低迷，其未来前景受到质疑。美国的人口和财政状况预示着未来几年的前景暗淡。这使人们认为中国的生产力有可能在未来的40年内（到21世纪中叶）赶上美国经济的生产率。（显然，如果美国经济的创新速度恢复到比过去35年的创新速度低不了多少的水平，中国还需要几十年才能完全赶上美国。）

这种可能性引发了这样一个问题：当中国的生产力达到或接近美国的水平时，中国经济将会是什么样子？贸易会像现在一样重要，甚至更重要吗？我知道，一些观察人士推测，在未来的某个时候，全球经济将高度多样化，每个国家都会释放独特性。但我有不同的看法。我预计，随着中国财富的不断增长，它将继续成为推动工资上涨的一股力量。这将是所谓的"出口导向型"增长的终结。

在过去十年的一些早期研究里，我建立了一个关于中国经济和美国经济的模型，在考虑了它们之间的贸易激增以及随之而来的技术转让之后，单位劳动力的资本禀赋相同，因此工资水平也相同。此外，具有相同的技术和工资水平的经济实体往往具有相同的成本结构。因此，相对价格的结构也将相似。结果是，两个经济体都不会向对方出口。

到目前为止，我们还没有看到出口在中国经济中的重要性开始萎缩。然而，它可能即将到来。一些评论人士已经在谈论中国的"消费主导型"经济了。随着中国财富水平相对于中国产出的增长，中国消费者需求的重要性将不可避免地增长。但我预计，商业领域的投资活动将激增至一个更重要的水平——更多的高科技设备。最重要的是，更多的创新活动会使更多的人参与新产品的概念设计、产品开发、市场营销以及接受或拒绝新产品进入市场的决策过程。

所以，在我看来，贸易是一只援助之手，它帮助一个与其他经济体隔绝的经济体重新站起来。而一旦这样的经济体全面运转，它将获得其他经济体所拥有的能力——就像中国正在做的那样——它将失去最初向西方出口部分产品的基础。因此，随着中国经济的发展，它将变得更加接近自给自足。

此外，随着贸易相对于总产出的收缩，从海外高投资到国内高投资的转变将会出现。

05

影响全球和中国经济的周期性力量[①]

首先,让我试着表达一下我关于波动的理论观点。我的理论框架不是约翰·梅纳德·凯恩斯于1936年创立、罗伯特·蒙代尔大力推广的货币模型(自20世纪80年代初以来,我的观点一直是非货币的)。但我的理论框架也不是爱德华·普雷斯科特创立的真实商业周期理论。这不仅仅是"学术"上的区别:我这类模型的含义往往与凯恩斯的模型和真实商业周期理论的含义不同。

紧接着,我将深入分析目前(或即将)影响全球经济和中国的主要海外周期性力量。

[①] 本文源于2005年6月3日作者在香港中文大学举行的诺贝尔奖得主杰出讲座上的演讲。

在我看来，"商业周期"已成为真实商业周期理论研究的那种波动：按照这种理论，随机（概率）过程产生的随机力会扰乱需求和供给，从而造成经济活动（以就业或工作时间来衡量）的波动。这非常像吊桥在风中摇摇欲坠。经济在正常失业率（和正常工作时间）上下随机波动。

我的理论被称为结构主义，研究的是"转变"和"长期波动"。当地球移动时，整座桥可能也会移动。一个经济体当前的自然失业率正在不断经历结构性转变——通常很小，有时很大；尽管在某些情况下，它可能会消退（回到它产生的方向），但并不存在不变的正常失业率，当下的自然失业率迟早会恢复到正常失业率。因此，结构主义理论关注的是经济结构随时间的变化和各国之间的差异。

结构主义理论捕捉了各种各样的商业资产，商业部门的公司必须投资于实物资本以外的任何资本（或半资本）经济体，比如客户、雇员等。每个结构主义模型都围绕着一个这样的商业资产。在这些模型中，企业着眼于未来，以便为每一种资产设定单位价值，并将这种"影子价值"与获得额外单位资产的成本进行比较。如果某种因素——结构性转变或其他因素——导致价值上升，而成本没有增加或没有按比例增加，那么企业对资产的投资就会立即增加。这一点很重要，这也是我需要解释的框架的最后一个特征，因为一个经济体的总就业水平对各种投资活动的水平非常敏感：为工作招聘新员工，通过营销或仅仅是普通的降价获得新客户，或新建工厂和办公室（这是非常劳动密集型的）。

所以，结构主义的机制是：如果"价值"上升超过"成本"，投资活动就会上升，通常会拉动总就业，从而降低失业率。

真实商业周期理论只有劳动跨期替代的机制：今天多工作和明天多工作之间的权衡。[1]

在真实商业周期模型中，生产中每工时产量的暂时增加会导致加班并在持续期间等待退休。在结构主义模型中：（1）企业会发现让员工停止生产去参加培训的成本太高，因此停止招聘，就业率下降；（2）客户市场上的公司甚至可能会暂时裁员。

在真实商业周期模型中，突然产生的对未来生产力逐步提高（一项劳动增强的技术进步）的期望，以及生产力提高后对更高收入的期望，将导致家庭收入永久性上调，从而立即增加对休闲（以及消费）的需求，进而导致目前工作时间的减少。在结构主义模型中：（1）企业会在机会成本上升之前增加招聘，以便对员工进行培训；（2）为了争取更多的客户，企业将提高实际工资率（降低加价幅度）。

我不需要告诉你我认为哪种理论更可靠。

关于世界经济的波动，在我们面前有两个问题。第一，西方经济体的活动（在就业、工作时间和相关措施方面）是否仍有很大波动？或者，这些经济体是否学会了通过反周期政策来缓和这种波动？

我的观点使我相信，只要西方经济体仍然保持一定程度的资本主义水平，并因此能够受到投机行为的驱动——只要它们有时会被企业家带来的希望鼓舞，而它们的精力有时会被私人财富拥有者的恐惧消耗——西方经济体将继续遭受巨幅波动。

稍后，我将把这种观点置于经济思想之内，并继续指出我认为的未来前景中最重要的变化以及当前正在进行的最重要的结构性转变。

然而，这种观点可能不是大多数人的观点——至少现在还不是。有一种传统，虽然被削弱了，但并未消失，那就是从其他地方寻找对经济造成重大破坏的根源。

芝加哥学派过去常说（20世纪30—60年代，雅各布·维纳、亚伦·戴雷科特和米尔顿·弗里德曼），大幅波动的根源是失败的政策——政府的"政策错误"。因此，社会主义市场经济将遭受与资本主义类型的市场经济一样巨大的破坏。不管这种观点的真相如何，如今许多经济学家都说，弗里德曼-费尔普斯关于自然失业率（不会导致通货膨胀率上升）的理论使政府很难实行宽松货币政策。著名的经济学家罗伯特·卢卡斯、本·伯南克、奥利维尔·布兰查德等赞扬货币政策的成熟，以稳定通货膨胀率，从而促使高频"波动性"急剧下降。但是，这与低频摆动和移位无关。有什么理由认为西方经济体越来越不被投机力量和结构性变化影响？以及有什么理由认为它们在波动发生时变得不那么容易受到影响了？

然而，相当多的分析是对旧芝加哥学派的回溯。一些经济学家声称美国的货币政策是失败的。他们指责艾伦·格林斯潘领导的美国联邦储备委员会多年来有意或无意地将（短期）实际利率设定在自然水平（K.维克塞尔）或"中性"水平（B.O.科普曼斯）以下。这些经济学家得出的结论是，这一政策导致了美国的大部分贸易逆差，并且在欧元区造成了欧元不受欢迎的强势和经济疲软。但是该论点面临困难：首先，到目前为止，没有令人信服的证据表明美国的通货膨胀率持续强劲上升，就像实际利率保持在正常利率以下一样。其次，正如本文在标准模型中所暗示的那样，我们很难将美元视为弱势而将欧元视为坚挺。

其他一些经济学家认为，美国的财政政策是失败的。当需要通过财政紧缩来克服未来几十年福利支出方面的巨大障碍的时候，政府却选择了减税，从而导致预算平衡陷入巨额赤字。我同意这一观点，但我们需要考虑到政策背景，因此，我们必须看一下西方最近发生的事。

在我看来，并且在20世纪上半叶的英国和德国学派阿瑟·斯皮索夫和古斯塔夫·卡塞尔以及后来的凯恩斯和约瑟夫·熊彼特看来，大波动的驱动力是企业家和金融家（通常是在一项或多项重大发现之后）新的投资机会愿景，以及随之而来的投资项目的最终平仓。除此之外，我还要补充一种新的担忧，即当企业家和金融家开始预测他们未曾意识到的未来发展时，投资环境可能会进一步恶化。在这个观点上，市场力量——我指的是人口、技术和商业力量对市场的作用——是大波动的主要来源之一，而不是政府。

从市场角度来看，规模似乎比所谓的政策失误要大得多的事态发展是西欧三大经济体（德国、法国和意大利）的内爆。20世纪80年代，这些经济体耗尽了因从美国引进新技术而获得的"低垂的果实"，它们无法靠自身创新来维持高投资活动。20世纪90年代，欧洲大陆的大型经济体表现得如此缺乏活力，以至于它们几乎无法应对几十年来最大的投资机会——互联网/通信革命。自20世纪90年代末以来，人们越来越多地意识到婴儿潮一代的老龄化以及政府养老金和医疗支出的后果。2005年，欧盟在进一步扩张、服务业指令（对外国工人更加开放）和其他担忧方面的紧张局势，导致股价下跌，自3月以来欧元贬值。欧洲大陆的投资活动可能还会进一步下滑。欧洲的这些发展都将推动全球经济的实际利率降至较低水平。

还有一个主要的力量是在发达工业化经济体的人们寿命的持续延长。最近，我们听到罗伯特·福格尔教授谈到，在几十年的时间里，人们的预期寿命有可能达到100岁。很明显，随着工人开始期待更长的寿命，他们将看到自己未来的年消费大幅减少——除非有什么事情发生，使他们的退休年龄相应地提高。这将导致他们愿意以大幅降低的实际利率进行贷款，因为他们试图将当前的某些消费转移到未来。(的确,尽管最近几十年来人们的寿命不断延长,但欧洲和美国的储蓄并未增加。但是,寿命增长理论上导致的储蓄供给的增加不得不面对投资需求的减少。因此可能出现了僵局。)

在我看来,这两个事态发展似乎是实际利率在20世纪80年代初被公共开支和税收减免措施推向新高度的原因,而现在实际利率已经下降到比过去一个世纪以来的任何时期都要低的水平。

第二,关于最近的市场力量,有一个问题是这些发展对中国内地和香港以及其他东亚经济体的影响:一个导致投资需求减少,另一个导致储蓄供应增加。我们可以从未来福利支出激增的前景开始。让我们假设全球经济是由欧洲大陆和世界其他地区组成的。

根据我的开放经济模型,我提出以下论点:对欧洲大陆未来应享权益支出会大幅膨胀的预期导致国内额外客户的影子价值下降,从而导致产出下降、国内消费和实际汇率的初始下降(跳跃式贬值)。随即,短期利率将降低,但随着消费的下降又会上升,下降的趋势最终消失;对世界其他地区的净出口将以递减的速度增长,而实际汇率将上升。

现在来看看世界其他地区。在结构主义理论中,这种对实际汇率的最初升值于世界其他地区而言是扩张性的,因为它促使世界其他地区的企业为降低竞争力而削减加价,从而增加产出供应。（从国内生产的角度来看，进口材料的成本也降低了，这也是扩张性的。）此外，就短期实际利率而言，如果短期利率的预期路径发生任何改变，从而提升额外客户的影子价值，那么产出和就业的供应将进一步扩大。由于欧洲大陆的短期实际利率将在相当长的一段时间内走低，因此短期利率的走势将连续受到向下的影响。另外，对世界其他地区的实际汇率升值的预期将会在未来逐渐减弱和消失，即欧洲的实际汇率将走强，这意味着还有另一股力量在改变世界其他地区的短期利率的路径。汇率调整越慢，长期利率在较长一段时间内将持续下降的假设就越强。因此，理论上，对世界其他地区的影响将很有可能对两方面的产出产生扩张性的影响。（客户移动越快，初始汇率跳升的幅度就越小，世界其他地区的利率路径必须下降以接近欧洲大陆的路径。这意味着产出和就业仍在持续扩张。）

如果这个比喻不完全符合中国的现实，可能是因为中国实际上不是一个被动的参与者。很明显，它本身就是一种推动力，对欧洲和美国有着重要的影响。然而，我一直认为，自1986—1988年的菲图西-费尔普斯的分析开始，凯恩斯主义者所认为的"水涨船高"在经验上是错误的。美国20世纪80年代的刺激措施没有帮助欧洲，欧洲的内爆也不会伤害美国或中国。

在新古典主义精神下，对真实商业周期理论的分析将与上面所描述的结构主义截然不同。世界其他地区利率的下降将被描述为未来商品的劳动报酬减少,其结果是劳动力供应会收缩。世界其他地区的汇率升值,则会提高海外商品的劳动报酬方面。

最后一个想法是,显然两个地区的结构主义模型的分析有点儿复杂,有着大量的变量。这些复杂的情况并不令人惊讶,毕竟,世界是一个相当复杂的地方。

在下面的捷径分析中,两个区域中增加的客户的影子价格行为都在幕后发生。我们可以对小型开放经济进行全面的分析,这是未来前景突然发生变化的原因。在那种情况下的分析中,结果是其国内实际利率在收益率曲线的早期下降,并立即发生实际汇率下降。图 5-1 仅适用于国家很大又足以干扰世界其他地区的情况。

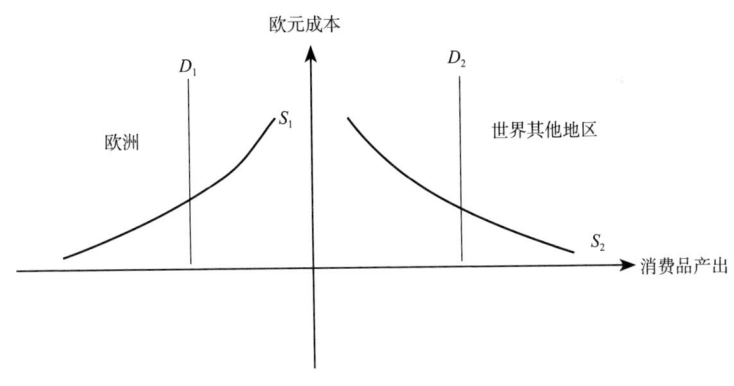

图 5-1 欧洲与世界其他地区

用蒙代尔式的方式,画两个背对背的面板,或称正交。左上方是前景发生变化的国家或地区,我们不妨称之为欧洲。横轴是它的消费品产出，纵轴（与右上方纵轴一致）是欧元的成本（下降意味着欧洲实际汇率的下降）。在右上方的区域是世界其他地区。横轴是消费品产出，对它来说，沿纵轴的下降意味着实际汇率的上升。国内公司的客户最初是各区域的国民。因此，市场出清需要曲线交叉，而不是弥补缺口。

首先获取这两个区域的收益率曲线。欧洲前景恶化，欧洲商业资产的影子价格向内移动，即消费供给曲线向上倾斜（即指向西北）。它也使垂直消费需求曲线内移。但是从理论上讲，后者要大于前者，因此，从平衡开始，就会出现供应过剩的情况。在世界其他地区中，垂直需求曲线和负倾斜的供给曲线都没有发生相应的移动。（请记住，对于世界其他地区，垂直轴向上移动表示折旧。因此，随着加价幅度的增加，供给减少了。）因此，必须存在实际汇率下降，但是在给定利率的情况下，世界其他地区的汇率不会上升。为了调和汇率，必须降低短期利率（在收益率曲线的一定长度范围内）。这将偏离欧洲的需求曲线，减缓其最初的向内转移，从而减缓欧洲的实际汇率下降；这也会使世界其他地区的需求曲线偏移，从而导致交叉点向下移动，进而导致世界其他地区的实际汇率上升。根据需要，适当幅度的利率下降将使两个地区的欧元贬值相同（我没有考虑动态变化）。

06

社会主义与资本主义的优势与弊端[①]

我非常荣幸能够见到北京大学如此优秀的学生。今天,我将花 45 分钟的时间来介绍社会主义,在休息 10 分钟之后,再花 45 分钟的时间来介绍资本主义。

社会主义起源于人类最为古老的社会形态——原始社会。那时候,部落里的人们分享他们捕来的鱼。在 19 世纪,随着现代资本主义在英、美、法、德等国蓬勃发展,资本主义社会中出现了显著的不平等现象和失业潮。在现代资本主义社会中,必有赢家和输家,因此整个社会出现了前所未有的不平等现象。而正在此时,社会主义思潮兴起。在社会主义的文化中,人

[①] 本文源于 2010 年 9 月 15 日作者在北京大学的演讲。

们拥有就业的权利，就业给人们带来生计和自尊。马克思认为，所有的工作都应该帮助人们，让人们丰富精神生活和实现自我，成为社会主义"新人"。社会主义限制人们获得财富，企业运营的目的不在于赚取利润，而在于为社会服务。人们有义务承担起社会责任。

在社会主义体制中，国家至少控制重工业和经济"制高点"，国家通过国有银行体系控制投资，对劳动力市场实施严格监管，甚至由政府设定工资水平，并通过工人合作社和生产商协会开展合作生产。苏联的共产主义体制的特征在于集中控制劳动力在地区和产业之间的流动，集中控制资本投资和物价，私人手中不能持有任何财富。

社会主义制度是否可行呢？1917年，俄国爆发了十月革命；1922年，苏联共产主义政权建立；而在1919—1922年，德国社会主义运动兴起。在这样的历史背景下，1920—1940年，人们展开了有关社会主义的激烈辩论，主要思想集中在马克思的共产主义和乌托邦社会主义上。其中，奥地利经济学派的创始人路德维希·冯·米塞斯提出，随着时间的推移，社会主义制度中的价格不能反映资源的机会成本，价格无法体现出其真正的成本。正因如此，企业的生产成本也无从核算。米塞斯直率地指出，社会主义制度长远来看是不可行的。这是因为社会主义导致效率低下和生产率下降。1991年，我受欧洲复兴开发银行的邀请去往莫斯科，为俄罗斯的经济改革提供建议。当时，我们去了负责制定价格的物价局，当我们问到他们如何制定价格的时候，他们说我们只需要复制西方的价格就好了。事实是，复制西方的价格对俄罗斯来说并不适用。

米塞斯指出，在社会主义体制下，由于缺乏绩效奖惩制度，管理者不愿冒险创新，而工人也懒得认真努力工作。米塞斯还提出了产权理论。他认为，能够享受产权带来的果实，是社会中非常重要的激励措施。而企业的利润动机也促使管理者从不赢利的产品转向赢利的产品。

奥地利经济学派的另一创始人、米塞斯的学生哈耶克指出，产业的技能和专长掌握在各行各业的人士手中，政府无法获得这些分散在人们手中的具体的专长，因此计划经济是不可行的。由政府来指定行业的发展方向是不现实的。在资本主义社会中，各行各业人士通过不断尝试和总结去推动发展。新的商业点子通常来自这些行业中的实战者，他们比起远离市场的政府机构更了解市场，更能根据市场的瞬息万变采取行动。

波兰经济学家奥斯卡·兰格认为米塞斯的观点是错误的。他提出，在社会主义制度中，也可以仿效资本主义，利用市场的机制来定价，企业的供应和居民的需求形成了市场，而这种模式并不一定是资本主义经济独有的。社会主义的重大缺陷如价格的问题可以通过"拍卖"市场来解决。

在这场辩论过了几十年之后，一些国家成为社会主义国家，而在1940—1950年，一些国家也将其某些产业社会主义化。近几十年来，我也开始思考米塞斯和哈耶克的理论。的确，创新是一个体系。在这个体系中，市场参与方冒险推出新的产品，如果最终用户接受了这种产品，产品就成功了，真正的创新也就应运而生。创新包括新的经济用途、新的行业模式等。举个例子，化工行业中的公司由具有不同背景和知识的经理管理，他们可以向多元化的客户销售产品，其中有些公司能够推出创新的产品并取得成功，例如向农民销售新的化肥。而如果整个国家的农业是中央集权的话，那么销售化肥的企业只能将产品卖给政府这个唯一的客户，而创新也就无望了。

下面来介绍资本主义。现代资本主义有着我们非常熟悉的特征：经济自由、个人财富、私人拥有企业所有权，企业主自主决定投资、企业经理把握企业的发展方向等，通过监管措施保护投资者、债权人、工人和消费者的利益。这有别于"放任自由"的自由资本主义。现代资本主义兴起于19世纪。现代经济体中，最为重要的是创新的禀赋和能力。当然，创新也有赖于环境，在战争时期，创新的水平可能不高。1955—1980年，欧洲出现了创新的高潮，新的产品层出不穷。这是因为其中很多产品在英美早已经存在。欧洲大陆只需复制这些产品，或简单改造一下就可以让新的产品上市。这种创新并不是自主创新。在采摘完这些低垂的果实之后，欧洲的创新就停止了。像微软和谷歌这样的企业并没有在欧洲诞生。欧洲的经济没有高度的创新活力。

如何才能拥有高度的创新活力？这就需要有推动创新的经济文化和经济体制。商业资本主义在16—18世纪蓬勃发展，而在19世纪进入现代资本主义时期。这个时期，公司法、专利法、企业融资、投资银行等为企业的创新铺平了道路，来自不同背景的不同人士参与到创新浪潮中来。高度创新的经济文化有着以下特征。首先，个人主义，人们愿意尝试不同产品以彰显个性。其次，冒险精神，喜欢在不确定性中探索；具有容忍的精神，能够消除团队摩擦，相互合作、服从团队；具有强烈的好奇心，愿意尝试新事物；自立自强，可以自主做出决策，采取行动。

在现代资本主义社会中，有公司法和专利法等完备的法律体系，有成熟的融资机制。企业家、金融人士、经理和最终用户随时可能产生新的点子，进行创新。这些人有着不同的背景、教育水平、战略眼光和专长，这为创新提供了土壤。

在资本主义的金融体系中，有天使投资者、风险投资者、股票市场、商业银行、投资银行、对冲基金等。商业银行为大企业提供融资，中小银行为中小企业提供融资，投资银行为产业和进出口提供资金，大公司还为其分拆公司提供资金。正如在经济学的教科书中，我们经常学习货物和货币在经济体中的流程一样，我们也可以通过画图来说明创意点子在现代经济体中的流程。

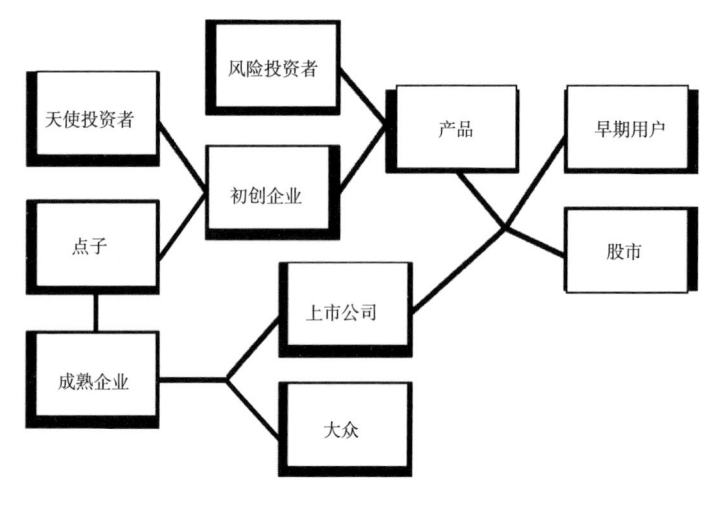

图 6-1　流程图

正如图 6-1 所示，天使投资者会对一些创新的点子进行投资，这样一个初创企业可能就成立起来了。这个企业会根据其点子设计一些产品。而这时，风险投资者可能会投资这家年轻的企业。企业的发展就进入了第二阶段。在这一阶段，会有早期的用户购买这些产品。在取得一定的成功之后，企业就可以通过首次公开募股上市了。企业不断发展客户，规模越来越大，就成了一家成熟企业。而这些成熟企业利用自己的经验和洞察力，又可能产生一些新的点子。创意点子在经济体中就是这样一个循环往复的过程。

需要指出的是，创新并不只是科学发明。事实上，以医疗行业为例，理查德·纳尔逊指出，过去 30 年医学领域的基础科学并没有太大的进步，但是，医疗行业取得了突飞猛进的发展。这些发展主要在于医学流程的改进、新模式的推出以及人类体验的提升。经济学家认为，企业家冒险推出一项新的产品、新的流程，如果客户接受了，那就成了创新。哈耶克认为，冒险去探索新的起点，其成本不一定高昂，但是成功的概率是不得而知的。正如音乐公司推出专辑，以为 A 面的歌会走红，结果没想到 B 面的歌反而更流行。

哪位经济学家开始认真考虑这种不确定性呢？1920—1945 年，芝加哥学派创始人弗兰克·奈特提出了不确定性理论。凯恩斯也在 1921 年撰写了著作《论概率》。凯恩斯是信息不对称现代理论的创始人。他指出，在社会主义社会中，大政府、国家控制企业所有权的做法有很多弊端。1936 年，凯恩斯撰写了著名的《就业、利息和货币通论》一书。凯恩斯提出，在投机的市场中，当经济下滑时，投资活动会受到冲击，金融人士对企业的信心下降，金融市场不得不承担不确定性，因此金融市场会收取更高的利率（不确定性溢价），投资活动萎缩。这会导致就业的下滑，政府不得不去刺激投资。但是仅仅降低利率是不够的。

资本主义的弊端在哪里呢？在管理型资本主义的时代，职业经理人对公司的方向有一定的控制权，但是美国经理人的短视是一个很大的弊端。经理人只会关注今年的业绩和自己的奖金，不会去管企业未来 5 年或 10 年的发展。我自己也在 1990 年以后开始思考这些问题。资本主义的一个弊端是市场的力量会使得生产率低的人群工资低下，从而造成弱势群体。而这些人工资太低，无法支撑家用，也会导致他们士气低下。但是，这并不是资本主义内生的弊端。政府可以通过给低收入人群提供补贴来解决部分问题。

社会主义市场经济的问题在于经济效率。但是，效率的确不是全部。在有了一定效率之后，政府还需要考虑人们的精神生活、自我实现、成就感。在克林顿卸任美国总统之前，我曾经听过他的演讲。在演讲结束后，我在后台与克林顿总统进行了简短的对话。我谈到创新、精神激励以及发展机会等，克林顿总统脱口而出："最重要的是工作起来应该有趣。"

再来看一下欧洲社会。欧洲社会的特点是社团主义。压力集团和利益团体构成了社会。政府、工会和行业协会代表不同利益，在社会中博弈。这种模式压制了欧洲的创新，因为利益集团在浪费很多时间相互扯皮，直到各方都同意之前，没有什么事情能够做成。

社会主义的理想是值得称道的。人类要超越物质追求，寻求精神生活和自我发展。

第二部分

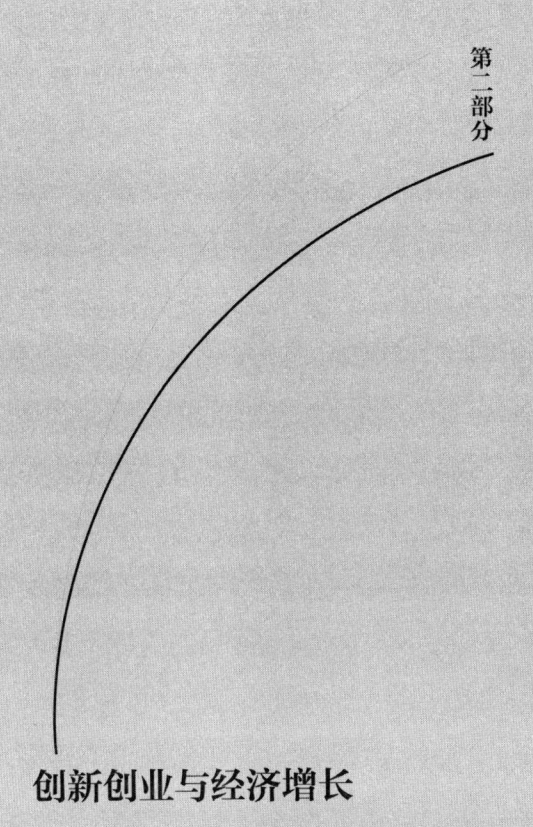

创新创业与经济增长

07

自主创新的本质[1]

我的演讲主题是基层创业和创新,以及它们对经济生活——广泛的繁荣——的重要性。这句话是什么意思?

如今,许多国家拥有丰富的人力资源和非人力资源,它们的经济效率很高,但大多数从事经济工作的人并不成功或富裕。我觉得阿根廷和葡萄牙就是很好的例子。也许荷兰、意大利、西班牙和法国就是这样的例子:那里的一些人可能很"繁荣",但大多数人都不是。

我们都认为,如果某人对自己的工作越来越精通,从而获得越来越好的条件或奖励,无论是物质上的回报,如财富,还

---

[1] 本文源于 2015 年 9 月 11 日作者在闽江学院新华都商学院(北京)的演讲内容。

是非物质上的回报，那么他就是"繁荣"的。如果一个人的工作提供了运用他的想象力，发挥他的创造力，进入未知世界的有趣旅程以及"对世界采取行动"的经验的机会或场景，那么他就是"繁荣"的。

在这样一个经济体中，本土创新非常重要。一个产生本土创新的国家通常会感觉得到了良好的回报，并深度参与它们所做的事情。

我应该说说"创新"这个词是什么意思。首先，要想有所创新，就必须采取措施，改变实践。它不仅仅是一项发明，更是个开始。在标准的经济学教科书中，"创新"一词指的是每个国家经济外生的"技术"的跳跃或增加。在新古典主义的观点中，创新就像来自太阳的温暖：如果它来了，一个国家就可以不费力地获得它。1900年左右，德国历史学派的学者将创新视为科学家和探险家的发现。

对大多数人来说，创新是指在一个国家出现的改变国内外惯例的新产品或新工艺。商人的创新概念中通常包括新产品，因为它们以前的生产活动无利可图，或因为他们提出的赢利机会以前没有被注意到。（在我的国家，商人总是在谈论机会——看到机会有多困难！）

现代经济学家所说的创新的含义各不相同。在20世纪20年代至60年代爆发的现代经济学中——我想到了奈特、凯恩斯、奥斯卡·摩根斯坦、冯·诺伊曼、哈耶克（在他的最后一篇论文中）、肯尼思·阿罗和其他极少数人——创新指的是以前从未被人想到过的新产品或新工艺。它来自想象力和创造力的锻炼：在一个国家的经济中发生的创新几乎总是来自该国人民的想象力和创造力。一个国家的创新通常是本地生产的，是该国的本土产品。

各国在创新方面可能有很大差异。19世纪，改变英国和美国以及后来的德国和法国的是每个国家自己的创新。当然，除了真正的创新，每个人都在模仿其他人的创新。

创新的可能性对中国提出了疑问：向高度创新的经济转型将对中国人民的生活产生什么影响？简言之，"新常态经济"会是什么样？另一个问题：中国要想拥有高度自主创新的潜力——达到其他国家的水平甚至更高的水平，该怎么办？我们在新兴的自主创新理论中可以找到答案：它的性质、来源及其影响——对工资和就业机会、工作中的非物质回报和不平等现象的影响（我在《大繁荣》一书中概述了这个理论）。

自主创新的本质

自主创新的核心特征是，如果所有的可能性都已知，就没有了进一步创新的可能性。因为未来是未知的，所以创新才有机会。正如卡尔·波普尔所言，一个追求自主创新的经济体拥有一个开放的未来。这个经济体中的创新者以及其他追求创新的国家正在创造这些经济体的未来。

因此，一个国家的创新活动给这个国家带来了不确定性——创新活动越广泛，不确定性就越大。现代世界其他地区的创新活动带来了进一步的不确定性。我们可以说不确定性是创新经济的标志。当然，这种不确定性使创新型经济面临收入以及几乎所有其他方面大幅波动的风险。

自主创新的本质逐渐成为人们关注的焦点。它是由商业领域的新理念、新理论、新探索产生的，并通过试验和市场检验不断发展。它利用想象力来构思新事物，并利用创造力来创造新事物。[1] 幸运的是，这些资源是人类的特征——它们是史前时代的洞穴居民展示的！

自主创新的社会奖励

然而，我们不能忽视另一个观点，即一个国家的创新活动，无论是结果还是过程，都能给社会带来核心利益：更高、更广泛的工作满意度，更高的工资和就业率，以及减少不平等。（一个经济体不能产生经济正义，经济正义必须来自政府。）

一是对工作和事业的满意度。从低动力到高动力的转变改变了工作和职业。孤独的牧羊人厌倦了日常的工作，与他人隔绝交流，这展示了前现代经济（包括商业资本主义）的特点——停滞和僵化。现代经济用精神刺激取代了无聊，用公司和城市的交流取代了孤立。一个繁荣的新维度出现了，它是经验性的，而不是旨在达到诸如增加消费或增加财富之类的目的。

正如人们常说的那样,"过程才是收获"。现代人经历了所谓的富裕或繁荣:获得更好的工作条件会带来物质上的富裕。接受挑战和创造并希望被接受也带来了非物质上的繁荣。现代人正在经历哲学家所说的美好生活,即繁荣的生活。

二是工资和就业。工资和就业的情况如何?标准的经济推理并没有告诉我们,生产率的快速增长是否会提高工资增长率,或者就像希拉里·克林顿假设的那样,它会减缓工资率的增长,这会导致相对于财富的工资率下降,从而导致就业率下降。[2] 然而,从自主创新的现代视角来看,需求从生产向创新活动的转移往往会增加对劳动力的需求,从而拉高相对于财富的工资率水平,并推动就业。(现代经济学认为,在过去40年里,美国和法国的工资-财富比率和劳动参与率下降是创新速度降低的原因。)

三是财富不平等。最后我要讲的是创新对不平等的影响。我认为,从历史上看,创新活动的兴起有助于缩小财富不平等。20世纪60年代末,美国和法国的创新能力下降,对工薪阶层的影响大于对财富所有者的影响:开发新产品的项目减少了,而生产新产品的资本密集型工厂也减少了(大多数工厂都是劳动密集型的),这导致劳动收入的下降幅度大于资本收入的下降幅度。[3] 自20世纪70年代初以来,劳动力在国内生产总值中所占的份额以及商业产出中所占的份额出现长期下滑。难怪底层1/2甚至3/4人口持有的财富比例呈下降趋势。

所以，我热切地希望，中国不要错过向下一代提供这些重要回报的机会。

创新需要什么

然而，创新是困难的。在每个国家，前进的道路上都有障碍和陷阱。市场上偶尔会出现一些推出新产品或新工艺的机会，这些产品或方法在此之前是没有利润的，但市场不会鼓励企业冒险进入未知领域。自主创新的尝试需要大量的我所说的活力——有抱负的创新者、投资者和债权人、新产品和新工艺的潜在使用者，以及整个社会中的活力精神。

尝试自主创新的动力需要一种纵容和鼓励想象、创造、冒险和探索的文化。我指的是对一个国家的活力至关重要的三种文化力量：创新的自由度、创新的能力，以及最重要的创新的欲望。

要想有广泛的创新流，社会必须允许企业有更大的创新空间：如果社会不愿意忍受创新带来的混乱或不便，那么创新的余地就会很小。在一个社团主义国家，一个行业的既得利益可以阻止有新想法的外来者进入，而政府对老牌企业的保护通常会将行业隔离在新的竞争之外。[4]（专利要求和法律诉讼阻碍了美国的许多创新。）

培养创新能力需要一种态度，怀疑主义是很重要的：创新者往往是那些乐于质疑主流观念并"打破常规"思考的人。信心也是如此。国家必须有具备足够经验的金融家,让他们认为他们能够判断提交给他们的创新项目。由于尝试创新是为了进入未知领域,因此,有抱负的创新者必须感到自己有足够的洞察力才能开始,这可能需要漫长的独立思考。他们必须感到,如果他们的企业失败了,他们将能够承受失败。(企业家的能力,如他们的奔忙、性格外向和人脉则是另一回事了。)

活力的核心是对创新的渴望——尽管存在障碍,或者在某种程度上正是因为有这些障碍。一些创新者还迫切需要向他人展示他们的想象力和创造力。一些创新者受到好奇心的驱使,想看看自己的见解是否被证明是正确的——新产品能否以足够低的成本制造出来,并赢得足够大的市场。另一些创新者则是为了证明自己能够成功。但是,创新最重要的动力是探索未知世界的兴奋和追求刺激。(显然,这些动机和愿望并不是标准经济学所强调的工作和储蓄心态。)

综上所述,中国能否实现快速而普遍的创新?对我的书的一篇评论说:"对西方人来说,中国文化是墨守成规的,而不是个人主义的,其倾向于复制而不是发明。"一些中国观察人士认为[5],人们渴望得到金钱和工作保障,而不是想象新事物和对世界采取行动。我们将很快看到中国是否拥有足够多的创新精神,这需要高度的活力。

08

创新战略是中国经济转型升级的主要推动力[①]

中国渴望将好的就业机会的数量和工资提高到欧美的水平。中国在创造体面的就业机会和提高工资方面取得了巨大进展。但中国将会考虑新的政策举措，以推动国家实现这些目标。

迄今为止，中国采取的战略分为两部分。一部分是创造就业机会。中国的战略是鼓励企业家在沿海地区开设新工厂和办事处，为内陆地区利用率极低的工人创造就业机会。这部分战略可以通过在内地创建新业务来扩展，而且它已经在扩展了。但这种策略不太可能让所有人都能就业。由于新的生产离沿海和内河港口越来越远，因此内陆地区越来越多的生产商会遇

---

① 文源于2013年3月18日作者在首届诺贝尔奖经济学家中国峰会上的演讲。

到"成本增加"的问题。此外,所创造的产出中有很大一部分必须销往国外,国内消费者不愿意购买全部产品,这将导致价格下跌。在某一时刻,进一步的业务组建可能会导致企业亏损,进而陷入停滞。

还有工资问题。正如中国人所知道的,要使工资水平达到西方国家的最高水平,就需要或多或少的同等水平的生产率,而同等水平的生产率需要与美国和欧洲同等水平的技术。我想补充的是,近几十年来财富的大幅增长带来了中国工人对更高工资的要求。因此,中国可能需要在短期内提高生产率,以防止就业受挫。[1]目前,中国所谓的全要素生产率——每一部分资本和劳动力产出的平均值——相当低。[2]技术水平之所以低,是因为中国还没有使用西方国家所使用的全套海外技术。

中国人明白这一点。因此,中国战略的另一部分是技术。中国努力将海外技术转化到国内经济中。20世纪70年代,当美国的创新速度放缓时,赶上美国的技术变得更加容易,而且创新在整个经济中仍然非常缓慢地发展。中国的这部分战略也可以通过从海外转移更多的技术来扩展。但这也不能走得更远。一开始,还有很多技术没有被带到中国。现在,范围小了很多。还没有被引进的技术可能很先进,同时美国公司和政府正在加大中国获取美国技术的难度。

那么,中国能做些什么来将其工资和生产率提升到世界最高水平呢?人们可能会认为,提高中国的教育水平,使其远远高于西方国家，可以抵消西方技术优势的影响，从而使中国工资达到与西方国家工资持平的水平。

但是，我与莱彻·博吉洛夫和吉尔维·索伊加做的统计研究并没有表明，当考虑到其他因素，比如创新文化时，教育成就将为人们带来工资的增长。很明显，俄罗斯认为它可以用教育来解决问题，就像美国用新产品和新工艺一样。但许多俄罗斯数学和物理学博士发现自己在莫斯科开出租车，很明显，他们并没有提高俄罗斯的生产力。

人们似乎认为，中国可以采取措施以提高家庭的工资和财富，从而创造更多的消费需求，并允许企业通过将其部分产出从出口转移到国内消费来促进经济发展。但这种对家庭消费的刺激是否会带来生产率的提高或其他任何收益，这一点并不明显。德国持续注重出口，似乎没有受到影响。美国和欧洲的一些国家为了刺激消费需求而采取了低征税的做法，但迄今为止，我们看不出这些做法有任何可取的效果。人们想知道，热衷于将中国变成消费社会背后的原因是什么。也有人认为，随着时间的推移，中国企业家将会找到新的技术，使中国的技术水平达到西方国家的最高水平。这也许会发生。我一会儿再回到这个问题上。但有必要说一下，标准的经济学明确地反对这种观点。

根据约瑟夫·熊彼特提出的理论，当世界某个地方的科学发现打开了商业应用的可能性时，熊彼特式的企业家——一个具有业务所需的动力和商业经验的人,就会匆忙开发新技术或生产方法,使其商业应用成为可能。(熊彼特式的银行家会敏锐地判断这个项目是否有利可图,是否值得融资。)

这一理论解释了为何中国企业家不能基于未被公开的基础科学进步来开发新技术。但是,该理论并没有预见到中国企业家会自己找到新技术。熊彼特本人也否认企业家拥有自己的创造力。

根据另一位经济学家哈耶克提出的理论,商业人士由于掌握了实践知识,有时可能会注意到某个地方存在效率低下的情况,而这种情况为一种新工艺或新产品的生产提供了机会。市场可能永远不会完美,尽管企业家不断地做出"调整",让我们更接近高效率。但哈耶克的观点并没有带来这样的希望,即一个国家的企业家通过找出经济中的所有低效之处,就能将生产率提高两倍甚至三倍。在缺乏创新来源的情况下,这种提高生产率的手段只能使一个国家走这么远。它无法提供可持续的技术进步。

那么,中国的技术水平如何才能赶上西方国家呢?一种方法是通过科学家。这种方法对一个小国来说并不适用,但是中国太大了,它已经有了大量的科学家。中国的企业和政府可以通过雇用科研人员来实现基本的进步,从而使商业创新成为可能——就像美国的企业和政府利用科研人员一样。中国可以玩这个游戏。然而,专注于商业创新的中国科学家人数不多。他们的大部分时间必须用于向下一代教授科学知识，另一些时间则必须用于研究进展，因此中国没有庞大的科学家队伍可用于商业应用的基础进展。

将生产率提升到西方最高水平的新工艺和新产品的主要来源只能是中国企业家大军的成功设想和创意。

普通人并不缺乏想象力或创造力。这些人中的很多人一旦进入商业世界，就可以对方法和产品提出新的想法。而还有一些人有洞察力，能够很好地预测哪些创造会在市场上成功，哪些不会。问题是中国是否会以激励和选择企业家进行创新的方式来组织其经济。

中国的情况喜忧参半。在国有企业部门，企业对于管理人员的挑选是否基于他们的商业洞察力目前并不清楚。如果利润大的国有企业更容易为技术开发项目和购买海外技术项目融资，这是有一定帮助的。但我们不能期待国有企业部门会在新产品和新工艺的开发上取得巨大成效。

私营企业部门有一个优势，即许多或大多数首席执行官都是通过创建成功的公司来证明自己才能的人。但他们中的一些人，尤其是小公司的首席执行官，并不具备获取新技术的技术经验。所以，在私营企业，问题在于技术的成熟度，而在国有企业，问题在于商业判断。

中国的金融体系并不具备根据经验和人才来选择投资哪些创业项目、拒绝哪些创业项目的能力。至于对国有企业部门的贷款，各国有企业的资金分配是否会流向能够最大限度地提高生产率的项目，这一点并不清楚。关于对私营企业部门的贷款，关系似乎比专家评价更具有决定性。

中国不正是这么做的吗？它不是实现了很高的本土创新率吗？全要素生产率的增长率——本质上是产出增长率的一部分，无法用资本和劳动力的增长来解释——在20世纪90年代中期达到很高的水平之后增长放缓，然后在21世纪前十年的后半期再次达到很高的水平，现在的水平比这两个时期要低一些。根据世界大型企业联合会编制的数据，2011年中国全要素生产率的增长率仅为2.2%。（我记得我看到詹姆斯·莫里斯教授报告的其他一些数据也显示了这种放缓。也有报道称，中国企业低估了价格的上涨，因此高估了每名工人的实际收入。）吉尔维·索伊加预计增长率约为5%，但其中包含哈耶克式的调整。其中一部分原因可能是全球基础设施的改善，剩下的就是自主创新了。尽管如此，中国似乎仍存在自主创新。

之前我曾说过，仅靠教育无法使中国迅速达到与西方国家同等的生产力水平。但我早就从理查德·纳尔逊和我的早期工作中了解到，高水平的教育可以使潜在用户评估市场上的新工艺和新产品。因此，教育促进创新，尽管它不能直接创造创新，但它创造了一个鼓励企业家尝试创新的环境。莱彻·博吉洛夫和我今天在这次会议上发表的论文，得到了一个类似的结论：接受过高等教育（大学教育）的企业家比例的增加，显著提高了企业家创办新公司的成功率。

自主创新需要更多由企业家领导的致力于前沿创新的企业，它将要求老牌企业分配更多人员进行前沿创新。这些人员都必须接受更多的教育，这一点很重要。扩大商学院可能有助于下一代企业更具创新性。

人们可能会质疑，这种经济模式能否从涉及的激进投资中获得良好的回报率。我有两个答案。第一，创新项目越多，经济活力越强，人们对这些项目的需求就越多，供给的人就越多；而且，快速增长将拉高工资（相对于财富而言）。在一个没有人尝试新产品和新工艺、生产力停滞的国家，就业人数也会减少。

我的第二个答案是，中国企业向创新组织（不仅仅是生产）的转变将使中国的许多工作变成精神激励、挑战和解决问题的源泉。这种工作的转变将丰富中国人民的生活。它也可以作为继续实行某种经济制度的理由。在20世纪80年代和90年代，中国的经济制度为挽救中国人的生命做出了杰出贡献。要想继续生存，中国需要证明，除了生产商品，它还能做更多的事情。

09

中国自主创新的三个问题[①]

我很荣幸能在福州论坛上发言。对中国来说，没有什么比创新更重要了。

首先，我想谈一谈一个国家的自主创新包括什么。然后我将继续讨论三个问题：为什么创新如此重要？这种创新在中国的现阶段有多么重要？中国应采取什么措施来提高创新速度？

古典经济学仍然是本科经济学专业学生所学的核心知识，在古典经济学中没有创新的概念，甚至没有任何创业精神。然而，德国历史学派认为，一个国家可能会被"科学家和航海家的发现"所产生的外部创新改变。

[①] 本文源于2012年9月17日作者在福州举办的福州论坛——"创业与创投2012"上的演讲。

这一点在约瑟夫·熊彼特1911年的著作中得到了修正：任何科学的进步与商业的应用，都取决于一个为组织所必需的人——企业家（德语为Unternehmer）。[1]熊彼特坚持认为："企业家没有'发现'任何东西。"机会总是在那里，任何人都可以看到。

但在20世纪30年代，奥地利学派的创始人弗里德里希·哈耶克（与路德维希·米塞斯一起）提出了一种现代观点。他说，一个行业之所以能够进步，仅仅是因为公司内部高度专业化的知识使其能够发现对它们来说很有希望的投资机会。哈耶克明白，未来的冲击可能会毁掉一个投资项目，即使是最有洞察力的企业家也可能会犯错，因为不确定性无处不在。[2]

真正的企业家是在这种不确定性面前展示出"在没有明显正确的模型或决策规则的情况下做出成功决策的能力"的企业主或经理。这种能力需要判断——对事物的未知可能性的判断——而判断需要一些想象力。[3]这种能力也受益于智慧———种甚至没有想到的力量的感觉——未知的未知。当然，企业家会利用这种能力来解决新情况和新问题。但这种创业精神并不是新产品和新工艺的来源。

现代社会更有挑战性，也更有趣。成功的决策不仅体现在投资的多少和生产的多少上。也不仅仅通过改进产品的形态或使用方法来满足现有的需求。在现代社会，人们通过发现新的东西来取乐，但他们不知道哪个方向是正确的。在这样的社会中，公司受益于在一个新的方向产生成功的想法的能力。

一家公司要想在新方向上有成功的想法，就需要创造力——关于公司可以尝试开发和营销的事物的原创想法，而这种创造力需要想象力，也有助于好奇心的探索和"修补"。这种能力还需要深入的洞察力——对新方向的洞察力，可能会满足人们以前不知道的欲望或需求。这种洞察力通常被称为"战略眼光"——一种我们无法解释的直觉，以及一种对其他企业是否会采取同样战略的感觉。史蒂夫·乔布斯的成功便归于他的创造力和深刻的洞察力。

我们认为新产品和新工艺就是创新。但是，一种新产品或新工艺的诞生，即使投入了大量的想象力和洞察力，它本身也不是创新。创新是指一种新产品或新工艺在其行业或市场上获得广泛采用。创新在某种程度上改变了实践。[4] 创新是经济上获得成功的新产品，这里的成功指的就是被广泛采用。未能被广泛采用的新产品只是另一项发明，终端用户对其重视程度不值得生产和销售这一新产品。值得补充的是，如果一个国家的新产品已经在世界其他地方被广泛采用，我们不会称其为"创新"——如果该产品已经成功，那么该创新就已经发生了。

在创新中，挑战在于广泛采用率极难预测。商界的每个人都知道一些新产品非常成功，甚至连生产者都感到惊讶，比如CD上的一首热门歌曲。每个人也都知道一个新产品失败了，让生产者非常失望。以创新为目标的项目注定会经常失败，因为新产品或方法的价值无法预测，所以期望往往是错误的。

尽管存在风险，为什么创新——自主创新——对一个国家的人民很重要？一个答案是，一旦一个国家的工资增长到足以满足基本物质需求——食物、衣服、住房和健康，人们就会高度重视在一个充满创新的环境里所获得的成就感。创新的环境是充满活力的，它赋予我们的生活攀登一座山的意义；它引起大脑对一系列新问题的思考。能够参与到国家或全球经济不断变化的实践中是令人欣慰的——即使只是以一种微不足道的方式。除非有成功的产品和方法来投资生产，否则就业率不会很高。

另一个答案是，创新活动——构思新产品、开发新产品、营销新产品并评估其采用情况——是净就业机会的创造者，即使它也许没有带来任何生产率增长。

还有一个答案是，如果中国企业不尽快提高自主创新速度，而是依赖海外技术，产品和方法的飞速发展迟早会停止：中国最终将耗尽从海外引进的产品和方法，从而使自身受限于在美国或世界其他地方涌现的新创新的细流。就业将会收缩，即使有可能，也很难恢复到较高水平。

欧洲为我们提供了一个宝贵的教训。二战后，欧洲的创新速度没有恢复到20世纪二三十年代及更早时期的水平。几十年来，欧洲可以利用美国现有的新产品和新工艺，但美国的创新速度在1970年左右放缓。到2000年，美国的新产品和新工艺不再向法国、意大利和德国输出。资本收益递减，因此投资实际上停止了，对劳动力的需求也随之消失。此外，尽管生产率下降，但欧洲人仍在继续储蓄，因此，财富相对于工资和生产率都增加了。结果，工资被推高，竞争力下降。

中国要想成为高度创新的国家，需要做些什么？必须有创新人才的供应。一般的商业经验，特别是创新能力，有助于人们在创新方面取得成功。近几十年来，中国在商业和创新方面的经验大大增加。价值观——态度和信仰——在这里也很重要。熊彼特认为，创新是由"建立私人王国的梦想和意愿"驱动的。当然，鼓励孩子争取成功的态度可能会增加劳动力中愿意承担创新职业风险的人数，但对成功的强烈渴望可能会驱使人们从政、进入专业领域或是进入金融行业。此外，创新人才的供给不仅来自对风险的接受，它还来自一种智力驱动：理解以前不理解的东西——去发现一种"新模式"，就像布拉德利兄弟（明尼阿波利斯的创新者）说的那样——并证明它是有效的。培育创新人才供给的一种态度是愿意与他人区别开来，甚至需要与众不同——以彰显自己的个性。一些中国经济学家表示，中国人不愿脱颖而出，也不愿发表不同意见。不过，我要强调的是，没有人天生具有这种文化特征，通过观察和学习，这一特征可能在一两代之内消失。

另外，还必须有对创新的需求。首先，如果没有能够和愿意率先采用新产品或新工艺的人，就不会有太多的创新。关于一个行业采用新工艺的速度的模型——纳尔逊-费尔普斯模型（我当时考虑的是农业），重点在于对潜在用户的教育：他们的受教育程度越高，就越愿意采用新工艺。他们所受的教育使他们能更好地掌握新工艺的作用和副作用。阿玛尔·毕海德强调，潜在消费者对新奇事物的渴望也有助于创业需求。[5]

其次，除非有足够多的人信任创业者，愿意投资或借出创业者所需的资金，否则就不会有对创新项目的广泛需求。一些观察人士表示，中国投资者和贷款机构对这些创业者缺乏信任。广泛的创新需要许多金融机构做好准备以投资一个创新的实体，而不仅仅是对创业者和他的团队的才能和动力表示肯定。当然，天使投资者和风险投资者必须赚钱，否则他们将不得不退出游戏。但是，如果他们不是被挑战吸引，他们就不会玩这个游戏。

最后，企业的所有者在决定这些企业的管理创新程度方面发挥着作用，股权制度导致极端的短期主义。我们已经看到微软和索尼失去了它们的创业精神，因为它们担心重大的创新举措会导致股价长期下跌，从而危及公司当前的管理层。正如一位私募股权基金经理所说："真正的风险资本至关重要，而股市、杠杆收购基金和银行并无法提供。"结果，美国的创新仅限于所谓的技术领域，这是一个非常适合硅谷的微小领域。[6]

我现在来谈一个具有挑衅意味的问题。中国经济有多创新？我们都知道中国人聪明机智，善于创造。我们还知道，中国在艺术、时装设计和太阳能电池板方面都有创新。但中国总体上是否具有创新力？国家创新率是多少？每年1%？每年3%？我们研究的出发点必须是根据国家统计数据计算得出的生产率增长率数据。

第一步是估算中国的生产率增长中，有多少可以归因于人均资本的增长。从生产率的增长中减去人均资本增长的贡献，我们就获得了生产率增长中可以通过更好的方法和成功的新产品来阐明的部分。它通常被称为"全要素生产率增长"。但是，并非所有的全要素生产率增长都能归于中国的创新。

第二步是将中国全要素生产率的增长分解为三个部分。这种增长的一部分来自中国全要素生产率和主要经济体之间的差距逐渐缩小。中国全要素生产率增长的另一部分来自中国全要素生产率最低的地区与最高的地区之间的差距逐渐缩小。我们可以通过估计各国差距缩小的平均速度来估计这一部分。在中国，从全要素生产率中减去这两个部分后剩下的部分，即剩余增长，我们将其解释为创新的成果。

冰岛经济学家吉尔维·索伊加教授和我通过计算得出，在过去的10年中，从1995年到2005年，中国的全要素生产率增长速度大大超出预期。中国的全要素生产率增长速度，大大快于基于中国在此之前与西方国家的差距，以及中国东部最佳实践生产力与西部之间的差距的预测。因此，在这段时间内，中国全要素生产率的出色增长似乎要归功于中国的创新，而不是差距的缩小。中国的经济——不仅仅是少数有影响力的公司——是有创新能力的!

有两个条件是必要的。首先,我们必须设法考虑劳动力技能增长对全要素生产率增长的影响。其次,我们必须研究2005—2012年这段时间,以了解中国的创新速度是否依然强劲。我的初步印象是,在此期间,中国的全要素生产率增长要缓慢得多。而这种放缓可能是创新速度下降的结果。2005—2012年,经济政策可能不如早期那样有利于创新。另一方面,随着中国劳动力的日益成熟,我们应该期望中国加快创新速度。

中国如何加强自主创新?中国的创新将受益于大量经验丰富、精明的风险资本提供者,包括天使投资者、超级天使投资者和风险资本家。但是建议中国避开美国金融业的许多对创新有害的特征:创建从事证券化和投资证券化资产的金融实体将使金融人才不再选择更有前景的创新项目进行融资。而这对提高中国的创新率也毫无帮助。创建共同基金会给公司施加压力,迫使它们实现季度收益目标,这将分散企业家的注意力,使他们无法专注于创新项目,而创新项目会在获得任何可能的收益之前造成损失。最后,为了进行更大的创新,中国需要通过政府援助和银行贷款向更多的中国学生提供广泛的高等教育和商学院教育机会。

可以肯定地说,随着高等教育的继续普及,中国将越来越具有创新性。中国的一个伟大之处在于,它还有更大的发展空间。

10

经济动力是创新的源泉[①]

西方在19世纪经历了世界从未有过的大繁荣,20世纪,这种繁荣在一个接一个的国家中消失。我的新书《大繁荣》将这一切与本土创新的兴衰联系起来。它也是一部关于繁荣的本质和起源的著作。它由两个部分组成:一部分着重物质性,即生产率和工资的增长;另一部分是非物质性的,即繁荣——创造性和才能的成功发挥。要想繁荣昌盛,人们必须面对充满挑战和机遇的世界。经济的活力和由此产生的商业生活体验对我们的福祉有至关重要的影响。

大繁荣伴随着1815年在英国,随后不久在美国,后来在

[①] 本文源于2013年8月16日左右作者发表在《博鳌观察》上的演讲文本。

德国和法国出现的大规模创新而来：创新为这些国家以及其他有意愿并能够复制创新的国家带来了持续的增长。它也给越来越多的人带来了繁荣——大繁荣。

大繁荣在经验上的好处是，单调和孤独的常规工作减少，更多的是复杂的、有挑战的和有回报的工作。这对发展也有好处：当人们利用他们的想象力创造新事物并用他们的聪明才智应对挑战时，他们会在此过程中完成自我表达、自我实现和个人成长。

给一个国家带来大规模创新的，不是该国的科技进步，而是其经济活力：创新的源泉和空间。国家必须培育合适的激励环境，建立必要的制度，而不是设置障碍。高活力在良好的市场条件下将带来很高的创新率，并防止创新想法和创新举措遭遇一连串的不幸。美国之所以享有最丰富的创新流，部分是因为从事各种工作的劳动人民都在构思和追求新想法——基层活力。从19世纪30年代到20世纪60年代初期，美国人疯狂地进行创造、修正、探索和测试，用亚伯拉罕·林肯的话说就是对新事物的狂热。

我在《大繁荣》中提出，高活力的推动力是1490—1940年产生的现代价值观——尤其是与我们的个人主义和活力主义相关的价值观。其包括为自己思考，为自己工作，与他人竞争，克服障碍，敢于尝试并有所成就。通过创造或探索未知来表达自我的勇气，以及在社区、家人和朋友中脱颖而出的进取心，也是现代价值观。[1]理论认为,这些价值观激发了人们对繁荣的渴望;他们塑造了一种追求美好生活的现代生活观念。在一个国家中,这些价值观的盛行往往会产生一种经济,即提供满足这些需求的工作机会的一种繁荣的经济。

这个理论是经过验证的。一个国家的繁荣程度的衡量标准是家庭调查中人们所报告的工作满意度。受访者在调查中回答其对工作的满意度,可以衡量现代价值观的流行程度。如果这一论点是正确的,我们将看到一个信奉现代价值观的人打造自己的职业生涯,并寻找有趣的、具有主动性的、能带来变革和挑战的工作。经我研究发现,在这些现代理念上得分高的国家,在工作满意度上的得分也往往较高:它们以活力来驱动经济体,以提供满足劳动者需求的工作。

这表明,人们在某种程度上找到了能够追求想要的职业和工作的制度——找到它们可能需要很长时间。制度和政府发挥一定的作用,但这并不能解释为什么人们会有这样的价值观和态度。现代价值观,如果很强大,将能够满足人们对个人权利的广泛需求,使人们有可能进行创新并在创新企业中谋生。[2]

在现代社会的鼎盛时期,一些现代价值观占主导地位的国家从商业经济转向现代经济——它们是第一批获得活力的经济体。它们帮助越来越多的人追求美好的生活。

曾经充满活力的国家在20世纪失去了一半甚至一半以上的活力:英国和德国是在20世纪40年代的时候,法国在20

世纪60年代初,美国在1970年左右。[3] 随之而来的是大量失业和工作满意度的下降。创新在很大程度上局限于令人印象深刻的高科技产业。

随之而来的是缺乏本土创新——除了互联网建设,其被广泛归咎于决策和体制方面的问题。历史学家将英国的衰落归咎于合理化运动、卡特尔化和唯工会会员雇用制——维持旧产品和阻碍新产品的政策。在法国和意大利,企业家将经济衰退归咎于财政和监管方面的做法——当小企业成长为中型企业时,这些政策通过实施更严格的就业规则和更高的税率来阻碍企业的创新。在美国,企业和整个行业的成功取决于密集的游说,而不是密集的创新。在美国和欧洲,立法机构主要关注的是让那些得到政治支持的企业和城市免受自身立法的影响,并单独为其提供拨款、援助和贷款。

但是,经济活力的下降在很大程度上是由于其他力量,而不是寻租和庇护行为的增加。我在《大繁荣》中提到许多阻碍创新的制度和政策,例如,大企业和金融业的短期主义,令劳动者高估了他们的财富的过低赋税,当然,还有专利和监管风险的雷区。这些都很重要。

然而,价值观的变化可能同样重要。现代价值观可能已经褪色,降低了人们对创新的渴望。或者出现了反对现代价值观的其他价值观。即使是寻租和庇护也不仅仅是政府和经济中的利己主义的产物:人们的自身利益取决于他们对生活的兴趣,以及他们的各种价值观。[4]

西方经济活力的严重丧失可以归因于两种破坏性的趋势，这些趋势已经渗透到价值观体系。首先是对现代经济方法怀有敌意的态度。在欧洲大陆，很早就有人对资本主义提出反对。而且，由于活力经济建立在重商资本主义发展过程中诞生的资本主义制度之上，因此，对资本主义制度的攻击对削弱经济活力有意想不到的效果。当时，欧洲大陆曾经充满活力的国家从一开始就对这种活力知之甚少。

20世纪的前10年，社会主义者的态度已对欧洲大陆产生了影响。他们对公司利润感到恐惧，并试图将一些公司国有化，或遏制其利润，或将其利润从股东手中重新分配给利益相关者。在两次世界大战之间的那些年里，人们产生了这样一种看法，即公司如果在赢利，裁员就是错误的。二战后，法国和德国的教科书蔑视资本家，将老板贬为走狗。这种敌意吓跑了创新者，也破坏了创新的理念。

反对资本主义的社团主义思想在20世纪20年代出现。奉行保守价值观的社团主义者憎恨新企业对城镇和各地区的入侵，因为这些企业的行为破坏了传统的生活方式、财富和地位。他们特别强烈地憎恨新的财富。他们在意大利、德国以及法国的目标是控制民营企业，而不是私有制。资本主义的一个公理——资本应该流向企业家和金融家认为的能赢利的地方——被国家更熟悉的社团主义宗旨取代。

社团主义者也讨厌现代价值观中的个人主义。对他们来说，国家的利益高于一切。那些试图为自己的快感、名望、财富、乐趣而创新的人是不合时宜的。经济活力会被这些保守价值观损害，社团主义者却没有想到这一点。

20世纪60年代的欧洲和不久之后的美国便致力于建立类似的传统价值观：团结、社会保护和安全。这些价值观导致权利的膨胀。如果有充分的资金，其就不会对工作产生抑制作用，但总体上资金不足导致国内外劳动力和产出的减少，创新的可用市场被缩小。这些价值观也导致了阻碍或禁止创新的错综复杂的监管。

是否有确凿的证据表明，这些价值观损害了经济活力，使工作不那么令人满意？《大繁荣》这本书的统计研究发现，现代价值观的流行有利于提高工作满意度。如果是保守和传统价值观盛行呢？这些价值观的一个基本层面可能会构成一张安全网，鼓励某些创新。但是，在传统价值观较流行的国家，人们在工作满意度上得分较低。[5]

另外一种破坏性趋势是，从美好生活的现代观念（由亚里士多德提出并在现代成型）偏向物质主义，无论其本意如何。越来越多的美国人对创造和发现新事物的态度表现出同样的偏离。学生们进入银行业，而不是企业。早在20世纪20年代就出现的对赚钱的追求，如今已成为一种普遍的弊病。储蓄不足已经变成了自我毁灭。物质主义变成了贪婪。纽约一家律师事务所对金融界的一项调查发现,有38%的受访者表示,如果能不被发现,他们会进行1 000万美元的内幕交易。

许多美国人和欧洲人认为,现代主义的美好生活理念是美国特有的。在2003年的一次会议上,我谈到人们对这种生活的追求,拉尔夫·戈莫里说:"这种观点非常具有美国特色。"我回答说,我对美好生活的理解来自欧洲的先驱:切利尼、塞万提斯和柏格森。

欧洲和美国的严肃思想家虽然并不完全是物质主义者,却已经摆脱了关于美好生活和美好经济的现代观念。在20世纪20年代,约翰·杜威认为一份好工作是一种提供解决问题的心智锻炼,而不是发挥创造力和探索未知的跳板。1943年,亚伯拉罕·马斯洛写到,自我实现指的是实现一个人的内在潜能,而不是柏格森式的"生成"。阿马蒂亚·森提出的"能力"也体现了这种精神。

现在,我们甚至在高级别的报告中看到了其对物质主义思想的全面拥护。衡量经济绩效和社会进步的委员会在2009年的报告中贬低了一项物质主义的衡量指标——生产,但坚持使用另一项衡量幸福的物质主义指标——家庭财富和收入、工作之外的闲暇时间、寿命。它们不包含任何非物质主义经验。

这些指标忽略了创造、探索和个人成长的世界。美好生活的构想已经荡然无存,因为它是一次狂野的旅程,在开放式的未来经济中徜徉,它带来了挑战也带来了难以想象的回报。在这种环境下，年轻人在成长过程中不太可能会把美好生活想象成具有克尔凯郭尔式的神秘、尼采式的挑战和柏格森式的"生成"的生活。在过去的十年中，我所做的研究使我相信，要重新实现大繁荣，需要广大民众一起付出巨大努力。虽然政府的作用在某些方面会变小，但在其他方面会变大。这一努力将需要政府提供大量补贴来雇用低工资的劳动力。但机械地修正和修补远远不够。只有广泛恢复基层活力才能取得成功。这需要清除近几十年来形成的创新障碍。最重要的是，这需要欧洲和美国重新征服在过去一个世纪中有强大影响力的中世纪价值观，并重新确立个人主义和活力主义价值观，因为这些才是西方在辉煌时期充满活力的基础。

11

《大繁荣》之火[①]

我的书《大繁荣》，去年夏末首次以英文和中文出版，现已被翻译成其他几种语言。最初写这本书是想呼吁欧洲和亚洲了解发展活力经济的好处、物质和经验，进而升级为一种全面参与尝试自主创新的经济体。但是，随着研究工作的展开，越来越明显的是，这本书的最后一部分必须探讨关于美国自1970年以来创新能力减弱的问题。最后，这本书呼吁美国理解其历史上前所未有的活力——一种深入美国心脏地带并深入基层的活力——并认识到恢复这种活力的重要性。

人们的反应是什么？令我非常高兴的是，许多读者对书中

[①] 本文源于2014年2月作者发表在《博鳌观察》上的演讲稿。

的观点和信息产生了共鸣。现在，世界上越来越多的人认同这本书中的观点，认为他们的国家需要一个新的或更新的基础，在整个经济领域为草根创新、高就业率、工资上涨和良好的工作满意度奠定基础。在中国和美国，一些企业家大量订购这本书，送给思想领袖、政府官员和商界人士。美国西部的一位视频博主称这本书为"天意"——一本帮助各国摆脱萧条经济和普遍乏味的工作环境的自助手册。

然而，也出现了不好的反响——尤其是在美国。有人对该书讲述的历史提出异议，有人不同意该书对衰退的诊断，并否认需要处方。对于一本建议彻底改变对创新、有回报的职业和良好经济的看法的书，这些反应是可以理解的。

许多读者反对该书的推论，即美国的创新能力已经衰退。他们不知道硅谷有多小，以为它的科技创新能力极强，以至于已经取代了核心领域的创新。

但训练有素的经济学家对美国创新的衰退没有争议。标准宏观经济学将经济的创新率视为新的本土产品和方法的总流量。在美国，衡量创新率的常用指标——多要素生产率增长率，在20世纪60年代末70年代初开始下降，此后一直处于低迷状态，除了互联网经济繁荣发展的那8年。如果确实发生了这种下降，那么我们应该看到自20世纪70年代初以来工资的缓慢下降、失业加剧和工作满意度下降。我们确实看到了这些，伴随着正常的繁荣和萧条。

许多经济学家——特别是古典经济学家——和其他持有相同观点的人拒绝认为一个国家可能拥有"活力"以产生本土创新。他们的观点来自德国历史学家和年轻的奥地利学者约瑟夫·熊彼特。熊彼特认为,新的创新只不过是对"科学家和航海家的发现"的应用——在熊彼特看来是"显而易见的"应用。从传统的角度来看,我的书没有任何意义。

但是我的书中列举了一系列直接和间接的证据,在衰退之前(也许直至今日),大量的创新都来自普通人,创新是人们日常工作的产物:人们一方面观察、探索、修正、想象、构思、创造、试验、测试和营销,另一方面检查、尝试和冒险应用。此外,虽然企业家认为他们大多数的投资都很有机会成功,但他们必须面对许多未知,想象并预见他们尝试的创新,因此失败是家常便饭。因此,一个国家的地方性创新需要巨大的活力——人们有创新的愿望、创新的能力和创新的空间。

另一方面,政治保守派则反对这样的观点,即活力在这里可能弱而在别处可能强。对他们来说,活力是人类与生俱来的。只要给人们他们所需要的经济自由,他们将跃跃欲试地创新。尽管在通往未知的路上倾其所有是很普遍的事情,但一些国家可能会比其他国家拥有更多的活力。经济活力需要一种支持性的伦理(一套价值观),在实现必要的经济自由的同时激发和促进创新。从重商资本主义向充满活力的经济的转变首先发生在英国和美国,19世纪20年代,支持创新的价值观盛行并达到了一个临界点，鼓励人们利用已有的经济自由来尝试创新。对当代数据的统计调查发现价值观差异（远远超过制度差异）解释了国家间总体经济表现和工作满意度之间的差异，特别是在经济合作与发展组织的"先进"国家之间。简言之，在现代主义凌驾于传统主义之上的国家中，自主创新得到了广泛的传播，不仅是精英阶层，普通人也纷纷参与创新。

一些读者还对该书的另一部分感到困惑。书中问道，激发活力的价值观（态度、信念和规范）是什么？哪些价值观扼杀了活力？该书指出，现代价值观是激发创新欲望的必要条件。它们被归入人们熟悉的个人主义、活力主义和表现主义，这些价值观包括脱离群体留下印记、探索未知等。在现代价值观盛行的地方，大多数人寻找能发挥主动性的有趣的工作；他们接受新思想、变革和竞争。我在书中认为，西方将从这些价值观的盛行中更加受益。

许多读者对此表示抗议，认为各种传统价值观是经济保持稳定和创新的黏合剂。然而，我的主要论点是，一些传统价值观或完全反现代的价值观正在消耗社会的大部分活力：家庭纽带、顺从和物质主义——所有这些传统价值观——往往使年轻人打消准备投身于具有挑战性和不确定性的创新职业的想法。金融和商业中盛行的短期主义和政府中盛行的庇护主义——俾斯麦社团主义的现代版本——使公司放弃追求创新，转而支持回报率高得多的游说。一旦企业通过游说获得寻租收入，利益集团将成为它们的"社会保障"——长期专利、税收减免和监管例外，阻止具有创新想法的外来者和新来者进入市场。最后，社会连带主义、优越感和利益相关者主义——都沿袭了社团主义的传统——缩小了有益的创新的空间。

有批评者认为，美国已经摒弃了不良传统，只留下宝贵的社会纽带。但这些束缚阻碍了人们取得突破和飞跃，从而使我们整个社会无法过上热情洋溢的生活，无法过上实现个人成长的美好生活。我对这样一个僵化的社会的恐惧令我并没有成为自由主义者。

最后，有批评者反对这样一种观点，即美好生活是由一个高度自主创新的经济体提供的，因为他们认为这一过程伴随着个人的失败、对社区的破坏、繁荣与萧条。他们更青睐社团主义经济，尽管工作满意度低并且停滞不前。

但是这种观点是严重错误的。正如科学家的经历所说明的那样，失败是整个生命的一部分。颠覆要好于一成不变的旧财富和旧生活方式。真正的现代经济的波动是创新经济体所固有的，就像作曲家的创作生涯中有高峰也有低谷。

这些批评家中有许多人对经济所提供的美好生活持相反的看法。他们提出的目标是能提高生活质量的财富、休闲、长寿和娱乐设施。

但是，如果没有改变，没有挑战，没有个人成长的过程，那么拥有财富、休闲和长寿的生活将是长期徒刑。

12

经济发展活力根本在于教育[①]

我很荣幸能在闽江学院新华都商学院奠基仪式上发表演讲。

我想谈谈中国经济的增长和发展。同时,我会提到商学院教育对中国的发展乃至世界其他国家的经济增长和发展的贡献。

经济增长是指人均就业产出的增长,或者更准确地说,是劳动力中的人均产出的增长。在经济学标准教科书对国民经济增长的描述中,决定一个国家经济增长的因素是国民储蓄(国民储蓄提供可供投资的新资本),以及金融市场能否将新资本分配给回报率最高的行业和企业。因此,市场不断消除各行业和企业之间在资本回报率方面的不平等。通过将新资本投入缺

---

① 本文源于 2010 年 6 月 15 日作者在闽江学院新华都商学院奠基仪式上的演讲。

乏资本的行业并拒绝向拥有大量资本的行业提供新资本，市场效率会不断提高。然而，教科书走得更远。在它看来，金融市场的这个持续过程，以及劳动力市场上正在发生的类似过程，有助于提高经济效率。（我们同意，市场上的低效率因此减少了，这种低效率剥夺了计划经济的大部分潜在增长。）教科书中的另一个观点是，新工艺和新产品的进步来自外部经济——国内外的科学家。这种进步的决定因素，即所谓的技术进步，被视为全球性的，而非国家性的。

教科书中的描述与现实世界中的经济增长几乎没有相似之处。首先，在不同的消费品行业和相同行业中的各种企业之间分配适当数量的资本并不是一件简单的事情。的确，如果像教科书通常假设的那样，资本就像一团软腻子，你今天可以在一个行业中多投入一点腻子，因为你知道如果你发现你今天在腻子堆中加入了太多的腻子，你明天就可以通过减少在腻子堆中加入的腻子数量来精准地纠正错误。但是市场存在不确定性。即使所有的投资都是以腻子的形式体现的，投资者也会面临这样的风险，即经济受到的冲击可能会突然压低市场上腻子的价格，从而造成严重的资本损失。任何投资某种特定的、长寿的工厂的人都知道，一个微小的冲击可能导致数年的损失。这类冲击的后果是个问题，因为许多冲击都是罕见的、前所未有的；而且，当经济结构已经发生变化并将继续发生变化时，即使考虑到熟悉的冲击也是困难的。因此，未来冲击的风险尚存在根本的不确定性。[1]

该怎么做？显然，一个决定投资或不投资的人将受益于他对可能出错的事情的洞悉力。他会从判断这些事情发生的可能性中获益，也会从了解可能还有其他事情没有被想到，或者从发现没有被具象化的智慧中受益。在做这些决定时，年长的管理者会运用他们从经验中获得的知识，年轻的商学院毕业生也能通过获得的各种知识做出正确的决策。因此，我们必须从他们身上寻找"战略眼光"，以获得对消费者偏好方向的洞察力。

有些投资决策远远超出了对特定行业或企业投资规模的决策。正如弗吉尼亚·波斯特尔所观察到的，"生产什么远比如何生产更为重要"。为生产某种产品而投资的工厂和大部分人力资源一般都是特定的；[2] 这些投资不能轻易转化为生产完全不同的产品。因此，投资在很大程度上取决于在近期和中期生产什么是可取的。在这方面，这些决定也必须在充满不确定性的情况下做出：我们无法为所有可能导致投资失败的情况都设定概率，也很难预料到可能影响结果的事情。

然而，深思熟虑的专家已经指出如何应对不确定性导致的严重谬误。例如，以已故的保罗·萨缪尔森为首的一代经济学家认为，解决不确定性的办法是多样化。（先锋基金就是以此为基础创立的。）但多元化的投资组合并不能解决"宏观不确定性"的问题。政府仍然违约，银行仍然倒闭，战争仍然爆发。

多元化并没有保护股东免受资产价格大起大落的影响。此外，购买投资多元化的股票组合——在共同基金和其他投资基金的股票领域流行，已产生预期后果，即普通投资者不再研究公司，不再运用自己的见解来判断和决定出售和购买哪些股票。此外，当一小群同质的专业投资人士推动金融市场（包括股票市场和债券市场）时，其结果往往是利率、汇率、股价指数的波动幅度大于近年来没有极端金融介入的情况下的波动幅度。宏观经济一直是输家。如今这一代商科学生将有机会找到一种应对极端不确定性挑战的好办法。

教科书分析的另一个不足是没有认识到企业中可能存在的资金滥用，这导致一种不同于投资金额错误或方向错误的低效率。向企业或行业分配适量的资金并不能解决现有生产方式的低效率问题。（分配合适的金额实际上会鼓励继续使用效率低下的方法。）这些低效的方法是如何保留下来的？

在任何行业中，企业之间的区别体现在资深员工获得的实践知识方面——哈耶克称之为技能。[3] 有一家企业尝试了一些似乎不太奏效的生产方法，却发现了一套效果更好的方法；另一家企业则被引导使用另一套方法。因此，在企业资本和劳动力的使用效率上，不同的企业之间可能会有很大的差异。尽管一些企业的效率非常高，但还有一些企业效率低下，因此利润也会减少。

在许多企业中，这种低效率可能会持续存在，因为首席执行官不确定竞争对手的明显优势是否为不同的生产方法的结果，因为可能还有其他原因。首席执行官不敢采用更好的方法也可能是因为这会导致一些现有员工被淘汰或被降职。[4]

商学院的应届毕业生可以用局外人的视角来看待低效的企业。商科教育让学生有机会了解国内外企业的组织方式，并与商界人士交谈。中国的商科学生可以充当"侦察员"，在国外的学校学习（或者实地考察）商业实践，然后把搜集到的信息带回中国。所以我们希望，当商学院的毕业生进入低效的企业时，他们能够发现低效的原因，并发出支持消除低效的声音。与效率低下的公司里的既得利益者不同，他们在向更有效的方法转变的过程中损失很小或几乎没有损失。我们也希望进入一个行业的新人可以通过采用最成功公司的方法创办新公司来淘汰低效的企业。在任何一种情况下，消除低效率都是工人人均产出增长的重要和持续的来源。

增长的另一个来源是生产率的提高，这源于企业使用未曾使用过的生产方法。就像我刚才讨论的那样，效率低下的企业可能不得不尝试绩效明显较好的企业所采用的方法，因为它们可能不清楚（在其所使用的所有生产方法中）哪一种生产方法能提高效率。低效的和高效的企业也可以尝试所有企业都没有用过的生产方法。企业可能正在尝试一种新工艺，希望用于自己的生产中。或者，进行尝试的企业可能是另一家推出新工艺的企业的最终用户：农业企业可能决定尝试化工行业推出的新肥料或新种子。

我早期与理查德·纳尔逊合作撰写了一篇期刊文章，其中提出了这样一种假设：农民受到的教育越广泛、越先进，企业（我们在这里考虑的是以农民为最终用户的企业）就会有更好的判断力。在19世纪和20世纪的大部分时间里，美国的普通农民与世界上大多数地区的农民相比受过良好的教育。在我们的假设中，他们所受的教育让他们有信心，相信他们可以很好地评估新肥料和新种子，从而能够更好地决定使用哪种肥料和哪种种子。[5]

这篇论文引发了芝加哥新古典学派和现代学派之间的争论。前者认为教育是一种人力资本，就像物质资本一样用于产出，而后者认为教育是实现技术进步的催化剂。

商业教育也可以起到催化剂的作用，以增加通过一种新工艺发现一些愿意率先采用新工艺的企业的可能性。当然，商学院不可能把毕业生培养成化学、工程、经济学、媒体和其他学科或专业的专家。然而，它可以为毕业生提供广泛学科的基础知识——至少是原始知识。最近的研究表明，成功的企业家所具备的主要特征是他们对很多事情都略知一二。[6] 此外，如果商学院学生能深入了解一些传统领域（例如会计、金融和市场营销），也会对其未来发展有所帮助。

在一个经济体中，对更好的生产方法进行试验——尤其是在一个庞大而多样化的人群中进行试验——可能会偶尔取得成功，从而令该行业扩大对新工艺的应用。当应用规模可观时，我们就把这一新产品称为商业创新（或创新）。就像一棵树在没有人听到的情况下不会发出声音一样，如果一种新工艺开发完成并投放市场，但没有人愿意使用，它也不构成创新。一般来说，创新是由企业产生的，而不是由科学实验室产生的。实验室产生的是发明。有时，企业家会把一项发明发展成创新——不幸的是熊彼特强调了这一点。但这样的创新是例外，而不是常规。大多数创新都不是由去年或上个十年或前二十个世纪的发明引发的。创新来源于人们在商业经济中工作获得的经验和灵感。

这让我想到了成为创新的方法或产品的创造——消费者或管理者可能接受并想要购买的东西的新概念的萌生和发展。弗里德里希·哈耶克明确指出，在通常情况下，一个创新想法的提出者很少或根本不知道这个想法是否会带来一个成功的新产品。各种行业的历史，包括艺术行业，充满这样的例子：富有创造力的人坚信自己有一个革命性的想法，却发现新的想法不受欢迎。

历史上也不乏这样的例子：创新者匆匆忙忙地推出一个新产品，对它没有抱太大的期望，然后他们发现这种小小的努力——比如唱片的 B 面——取得了惊人的成功，甚至有一定的革命性。商学院的学生必须吸收现代观点：未来还不完全确定。创新者通常是商业领域的实践者和密切观察者，创新者往往比大多数人更敏锐地意识到，他们对未来的了解并不全面。

我想简要讨论创新经济的价值，然后谈谈什么是创新，创新经济需要什么。但在回答这两个问题之前，让我先具体说明什么是创新经济。少数所谓的发达经济体中持续进行着许多自主创新，因此我们认为它们拥有创新经济——充满活力的经济。即使在发达经济体中，也有一些国家，我们没有把它们归入这一类，例如西班牙、挪威和比利时。从历史上看，美国一直是高度创新的国家，英国和后来的德国也曾一度如此。从中世纪到1600年左右，中国在生产力方面领先于西方。在那些年里，中国相对富有创造力，但中国经济没有多少创新。现在我们有理由相信，中国正朝着自主创新越来越多的方向发展：中国企业积极研究国外的方法和产品，在此过程中，中国企业自然会探索这些方法和产品的变化，有时会改进。另一个原因是，随着中国工资水平的提高，中国的出口行业为了生存，将努力开发新工艺或新产品。

第一个大问题是拥有更具创新性的经济的价值。毕竟，奥地利、卢森堡、瑞典和乌拉圭都曾证明，一个国家可以在没有创新经济的情况下获得高薪资和高就业率。几十年前，哈佛大学的一位经济学家兹维·格里利奇斯就曾经说过欧洲人非常聪明，他们有一个高的生活标准，而无需支付开发新工艺和新产品的费用，不用承受失败的代价，也不会使行业面临因被淘汰而消失的风险。这些人，尤其是欧洲人，正是这么认为的。许多欧洲人表示，他们渴望有大量时间用于休闲——业余爱好或家庭活动——而只需做少量必要的工作。对他们来说，随着工资上涨，休闲时间增加，幸福感也随之增加。[7]但这并不是我们大多数人所向往的美好生活的概念。

对我们大多数人来说，如果一个人经历了可观的人类发展实践，他就过上了美好的生活。最基本的发展包括获得一系列解决问题的技能和能力（"精通"）。更高层次的发展包括发现自己意想不到的才能（"自我实现"）。最高水平的发展意味着在某种程度上在漫长的旅程中成为一个全新的人（"自我发现"）。[8]

如果这是正确的，如果这就是美好生活的全部，创新经济的价值就在于，它的组织方式为大部分人或所有人提供了人类高度发展的机会：有无尽的新问题需要解决，有新的机会扩展自己的才能、探索事业。经济活力的历史始于19世纪20年代，首先出现在英国，其次是美国和比利时，然后是法国，最后是德国的部分地区，它不仅揭示出工资和消费的增长，而且还显示出工作方式的转变。越来越多的商界人士发现，他们的工作很吸引人——"用一天中的大部分时间来充实自己的思想"。正如马歇尔指出的那样。随着活力经济的诞生，工作不仅是生活的一部分，在商业经济中，生活越来越以工作为中心。可惜的是，在20世纪，欧洲抛弃了久经考验的活力体系，转而尝试其他体系。

经济活力对美好生活的必要性并不意味着创新是一种经济政策和社会制度的充分目标。如果不努力确保这种经验能广泛惠及民众——尤其是中国的弱势群体，那么为了那些通过参与创新经济而获得人类发展的人的利益而寻求创新经济的做法将是令人反感的。这就要求经济和社会政策使创新经济具有包容性。经济政策必须寻求融入创新经济。

要实现这样的转变，必须满足哪些条件？

第一，教育必须足够普及，以促进经济活力。教育必须为弱势群体创造机会，让他们能够分享参与创新经济的好处。

第二，必须支持和培育一种有利于创造和个性的经济文化。与此同时，这种文化还必须允许团队合作并培养分担责任的精神。

第三，必须发展具备必要经验的金融部门，能够正确判断哪些新产品创意应该得到金融支持，哪些产品不应该得到支持。

第四，也就是最后一点，不能允许城市和地方政府否决创新。不能允许特殊利益集团抢夺企业家和金融家的创新成果，以免吓跑未来的企业家和金融家。

我的直觉是，中国文化非常适合广泛的自主创新体系。当我来中国旅行时，我觉得我发现了一种精神，这种精神很像19世纪和20世纪前40年美国的企业家精神。我猜想，中国将迎来巨大的活力。

13

让教育点燃创新之火[1]

我很高兴在这次论坛上以创业、创新与教育的关系为主题发表欢迎词。

大约50年前,教育在经济发展中的作用成为人们讨论的重要话题,到目前为止,已经经历了三个阶段。这个主题让我特别高兴,因为我的第一篇学术论文是关于教育在一个国家取得高生产力方面所扮演的角色。首先,我将回顾自己早期的想法,然后再继续讨论当今的问题。

关于教育对发展的影响的研究始于这样的观念:在经济体中工作的人们所获得的知识构成人力资本,就像工厂和设备

---

[1] 本文源于2016年3月17日作者在闽江学院新华都商学院(北京)举办的"2016中国创业创新教育发展论坛"上的演讲。

构成有形资本，有用特性（如信任的天性）构成社会资本一样。芝加哥大学的西奥多·舒尔茨在1961年发表的一篇论文中提出了这样一个观点：即使在普通经济体中，人们也知道如何使用现有的肥料、药品和飞机，这要归功于国际社会知识的"转移"，然而这些知识在劳动力中的普及程度可能因国而异。舒尔茨注意到，在一些国家，产出的增长大大超过了土地、劳动力和资本的增长；他认为，人力资本投资是这些国家经济飞速增长的主要原因。[1] 人力资本越广泛，这些国家的富人就越多。[2]

理查德·纳尔逊和我对教育和生产力动态之间的关系有不同的看法。我们注意到，一个经济体中的新工艺或新产品并不是在所有地方被同时采用或创造出来的。有些医院比其他医院有更好的医疗程序，有些农场可能比其他农场对化肥有更深的了解。当某个公司（或多个公司）开始采用一种比其他公司更好的新工艺时，这种"最佳方法"在整个经济中的扩散通常是一个缓慢的过程。所以我们应该期望，在各个行业或工作领域，一个经济体的平均实践会逐渐赶上最佳实践。当然，一个国家的平均实践水平对它很重要，因为平均实践决定了资本和劳动生产率，而全要素生产率在很大程度上决定了经济中的平均工资。

这就涉及教育。纳尔逊和费尔普斯模型的假设是，经济中人们的教育水平越高，最佳实践的传播速度就越快，最终，平均实践赶上最佳实践的程度就越高。[3]纳尔逊和费尔普斯模型的观点质疑教育能否提高工人生产力,尽管它假设教育帮助工人和企业获得提高生产力所需的信息。

由此可见,对那些最佳实践迅速发展的国家而言,教育对于提高生产力尤为重要,因此平均实践落后于最佳实践。此外,如果假设一项新技术可以在经济体中迅速扩散,那么对于愿意向经济体提供新技术的企业家,如果他们相信扩散是缓慢的,他们可能不愿意这样做。这意味着,人力资本水平低的经济体会阻碍最佳实践的增长,从而最终拉低实践的平均水平。主要结论是,这样一个国家的平均实践越来越落后于世界领先国家的平均实践,直到它的增长率与世界领先国家的增长率持平。

关于舒尔茨假说及纳尔逊和费尔普斯模型的文献很少讨论什么样的教育有助于提高生产力。舒尔茨认为,读写和计算能力——阅读、写作和算术——可以提高人们的工作效率。纳尔逊和费尔普斯模型认为,教育有助于新工艺或新产品的采用,如新肥料和新药物,在今天,复制大量新工艺或新产品也需要信息技术的语言——信息技术或信息与通信技术。

那么企业家精神又是什么呢?我一直在谈论企业家精神,但没有使用这个词。我们认为,企业家是那些经常创造新事物——新工厂、新产品、新公司——的人,他们拥有完成工作所需的行业知识和创造力。尽管企业家需要受到高水平的教育才能完成这项工作,但这并不尽然——他们中的一些人可能受过高等教育。[4] 然而，企业家们经常会观察周围的环境，寻找新的机会：一种未被充分利用的资源，或者一种价格偏低的产品，或者一家找到更好的生产方式的公司。我认为，接受高等教育显然可以帮助企业家了解其他公司在做什么，并理解是什么力量在推动这个行业的发展。企业家通常需要评估他们发现的看似可能的机会。在"地理大发现时代"（16世纪和17世纪），当探险家们发现新大陆和新航线时，一些企业家很可能会因拥有更多知识而获益。

那么教育和创新是什么？首先，我们必须给创新这个词下定义。当一个企业家在某处发现一种产品或资源的供应价格低于市场价格时，他就会抓住机会，低价买进，高价卖出，我们称之为套利。这种行为永远不会被称为创新。（在两次世界大战期间声名鹊起的奥地利经济学家弗里德里希·哈耶克将利用新发现的机会采取行动称作"适应"，而不是"创新"。是的，经济学家约瑟夫·熊彼特将由探险家和科学家推动的新经济发展称为创新，但在熊彼特看来，探险家和科学家才是真正的创新者。）于我而言，绝大多数创新来自商业领域的新想法。因此，我常说一个国家的自主创新来自该国商界人士的想象力。

教育是这种创新的重要助力吗？我期待着听到会议上其他发言者的看法。我认为，开设一门课程，向有抱负的创新者传授近几十年来有关创新的知识，将使在商学院学习的人受益匪浅。在尝试创新之前，学生可以学习到很多关于创新的研究成果。创业公司的成功率大约是1%，所以创业者在判断是否要尝试进行创新时，要做好失败的准备。另一方面，失败是一个宝贵的学习经验——早期投资者更愿意支持从以前的尝试中吸取教训的创业者，而不是没有经验的创业者。另外，创业公司第二年的资金需求通常比第一年要大，所以创业公司必须小心谨慎，避免资金短缺。还有一点是，受教育程度相对较高的创业者成功的概率更大。显然，创建一个新公司并不仅仅为享受这一经历，你必须热爱它。

我将以更重要的一点来结束我的演讲：对大量的创业活动和创新而言，一个国家良好的通识教育可能与商业课程所能提供的课程同等重要，或许更重要。这样的教育教会我们认识什么是美好生活。它教会我们从探索、实验和发现的生活中获得满足感，而创新很容易为其提供经验。教育还教会我们从想象、构思和创造中获得满足感，我们很少会比有了一个新想法更快乐，而创新就是创造事物。因此，对年轻人进行关于美好生活的教育，将有助于激励他们投身于具有挑战性的职业生涯中，去创造新想法，尝试创业和发展新公司。

第三部分

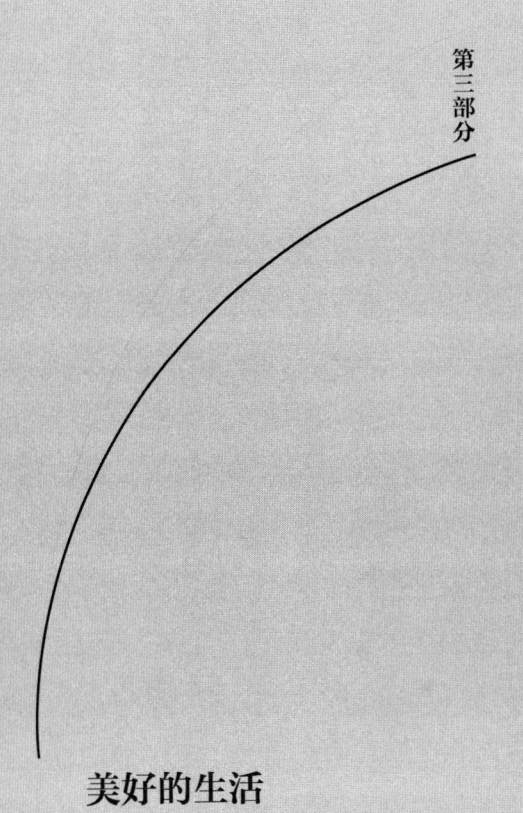

美好的生活

14 古今中外贤哲定义的美好生活[①]

中国在未来几年将会在提高生产率、提高工资水平以及扩大经济包容性方面大有作为——即使没有经济的重大重组。然而,中国经济目前的组织结构并不能将生产率和工资水平提高到世界一流水平。更有趣的问题是,在组织上和人力上,中国是否拥有或能否获得持续繁荣的能力。繁荣指的是物质上的繁荣,如工资快速增长,以及非物质上的繁荣,如提出产品新创意并着手开发新产品。这里提出了三个问题。首先,为什么这种繁荣对一个国家来说十分重要?这个讲座将从亚里士多德和孔子的角度讨论这个问题。其次,需要对经济组织进行哪些变

[①] 本文源自 2014 年 3 月 13 日作者在清华大学"巅峰对话"上的演讲。

革，才能走上具有刺激性、创造性和冒险性的职业道路？本讲座讨论了自主创新的概念，以及要想实现这种大规模创新需要在商业和金融领域进行的一些制度变革。最后，中国能做到吗？一个经济体可能是创业型的，而不是创新型的。创新者需要一种不同于企业家精神的心态。如果说创新需要一种特殊的文化，那么这种文化在中国人中是否足够普遍，从而能够带来高度的自主创新呢？

我们都知道，通过海外转移的方法，以及通过从沿海地区向内陆地区扩散的方法，中国还有一些提高生产率和工资水平的可能性。中国还可以通过将工人从西部转移到更发达的东部地区来提高工资水平并扩大这些工人的范围。将生产力和工资水平提高到世界一流水平将会很困难（大部分原因大家都很熟悉——在去年的会议上已经讨论过了——这不是我这次讲座的主题。）[1]

我想在这里讨论另一个方面的挑战。人类的福祉不仅仅是消费和休闲。还有一部分是繁荣：快速增长的工资和换工作的便利带来了物质上的繁荣，而非物质上的繁荣来自能带来有趣的挑战、激发创造力并促进个人成长的工作。

如果西方未来的创新速度能和辉煌的过去一样，如19世纪20年代的英国和美国，那么中国将能分享到西方带来的大量的物质繁荣：西方的工资增长能够在很大程度上通过对外贸易带动中国的工资增长，同时工资增长还能够提高就业水平。

但西方的创新速度似乎已大幅放缓：自二战以来，德国和英国的创新能力远不如战前几十年的鼎盛时期；到了20世纪60年代，法国的创新能力也减弱了。[2] 所以目前尚不清楚中国能否从西方"引进"显著的工资增长。因此，要想实现未来长期的物质繁荣——持续增长的工资以及高就业率，中国可能需要远高于现在水平的自主创新。

此外，即使一些西方国家恢复了高度创新所必需的活力，它们的活力和由此产生的非物质繁荣也不会给中国带来可与之媲美的非物质繁荣。中国的繁荣需要很多中国人参与到创新的过程中——我称之为"草根创新"。

所以，在我看来，中国的经济，就像它现在所组织的那样，无法在广大民众中产生非物质繁荣所需要的草根创新——无论西方是否能够恢复过去的高度创新。而且，如果西方不重返高度创新，中国经济很难实现高水平物质繁荣所需的工资增长和就业流动性。

在这一点上，听众们会有疑问：虽然这种繁荣听起来不错，但一旦工资和财富达到适当的水平，它对人们真的重要吗？经济组织要做哪些改变才能开辟有回报、有创造力并且充满冒险精神的职业道路呢？最后，中国人的传统会允许并推动他们走向繁荣吗？

美好生活：亚里士多德、孔子与"现代人"

为什么中国人会觉得物质和非物质的繁荣都很重要？有些人认为，拥有世界上最高的国内生产总值或成为世界上最强大的国家就足够了。还有一些人认为，只要工资水平足够高、财富、休闲和寿命也有所提高就足够了。这两种思想流派都没有领会到繁荣对美好生活的重要性。然而，西方和中国的伦理学有更先进的观点。

在西方文明中，亚里士多德建议，一个人应该自由选择能够带来最佳前景的生活方式——哲学家们将这个概念翻译为"幸福"。这可能是西方个人主义最早的表现形式——为自己而行动的价值观。

在他的伦理学著作《尼各马可伦理学》中，亚里士多德继续论证，通常情况下，一个人看到社会中其他人的生活方式后非常欣赏，并希望能够效仿他们——希望以同样的方式生活。亚里士多德将这种令人羡慕的生活方式称为"美好生活"。他进一步指出，人们向往的美好生活是一种探索和发现的生活，尽管他提出的自我发展的例子是"学习"，这肯定不会给很多读者带来启发。最近有哲学家提议把亚里士多德关于美好生活的概念翻译成繁荣的生活。

在中国文明中，孔子的影响力堪比西方的亚里士多德。《论语》是孔子思想的汇编，也是关于伦理的，其中有个问题是个人可以选择的最有价值的生活方式是什么——什么是美好的生活。答案是追求"自我实现"。这种道德行为是自愿的。[3]（例如，"孝"——关心父母——被视为对父母之爱的一种回报，而不是义务。）孔子就是这样表达个人主义的。

他对自我实现的理解是什么？孔子通过"自我修养"来寻求自我实现，这意味着对知识的渴望。然而，在儒家思想中，自我修养需要与社会责任取得平衡：待人忠诚，服务他人。孔子谈到"高尚的人"和"服务的人"，他们的自我实现的一部分来自满足他人。[4]但是这样的人并不普遍，自我修养仍是核心价值观。

因此，在孔子和亚里士多德看来，获取知识是美好生活的核心。用理学家朱熹的话来说就是"为己之学"。

获得知识的价值在19世纪——现代社会的鼎盛时期——得到了体现。一种对新知识的追求在英国和美国，后来是德国和法国的各个城市爆发。许多人超越了获取他人已有知识的传统观念，而转向了获取新知识的现代观念。无论是在商业领域，还是在科学和艺术领域，想象新概念、检验新概念、接受新概念的实用性成了摒弃错误观念和获得新知识的方式。这就是自主的、大规模的创新。

因此，普通人经历了前所未有的非物质繁荣：许多人开始全身心地参与到工作中，迎接挑战并取得成功。许多人因对未知领域的探索实现了转变。

人们是否重视并接受这种经历？我们可以找到关于这种经验价值的证据和反思。[5] 亚伯拉罕·林肯在1858年评论美国的经济发展历史时，几乎没有提到他所看到的物质繁荣。给他留下深刻印象的是对新事物的热情——强烈的狂热。他看到，作为消费者和生产者，人们乐于参与到新产品和新工艺的经济探索之中。

19世纪，丹麦的克尔凯郭尔、德国的尼采、美国的威廉·詹姆斯和法国的亨利·柏格森等哲学家重建美好生活的概念。一个致力于新思维、实验、创造、测试和尝试的职业——以及由此带来的个人成长——被视为现代版的美好生活。

重构中国经济以实现繁荣

中国能否实现大规模的自主创新——从经济层面到基层——从而为很大一部分劳动人口带来有吸引力、有回报、有冒险性的职业？直接观察和统计调查都表明，中国的自主创新已经达到相当高的水平。但它还没有达到19世纪20年代到20世纪60年代初美国的水平。

创新是很难的。即使一个极具创业精神的经济体，也不一定具有强大的创新能力。新机遇很少能带来真正的创新。它取决于对新产品或新工艺的远见，以及对经济将如何对其做出反应的洞察。这些通常来自创新者的个人知识，而这些知识很难传达给首席执行官和国家。

尝试创新不像种植棉花。这不仅仅是一种冒险的赌博,这是一次跨越,成本不可预见,市场接受度未知。要想获得高成功率,创业者需要有合适的条件,精明的金融家也需要挑选合适的创业者。

我将首先讨论制度和政策。要加强和扩大中国的自主创新,经济组织需要进行哪些变革?

在制度方面,在国有企业,目前尚不清楚企业是否根据已被证明的商业判断来选择管理者。此外,目前也不清楚,各国有企业的资金分配是否会流向能够最大限度地提高生产率的项目。

在民营企业的商业部门,有一个优势,即许多或大多数首席执行官都是通过创建成功的公司来证明自己能力的人。但他们中的一些人,尤其是小公司的首席执行官,不具备获取新技术的技术素养。所以在这个领域,问题在于技术的先进性,而在前一个领域,问题在于商业判断。

要想在提高创新能力方面取得巨大进步,就必须将很大一部分银行融资转向纯粹的商业、赢利性贷款:高度创新将需要向民营企业提供贷款,用于投资项目,包括具有创新成分的项目。

在一定程度上,更广泛的教育将是有用的。我们在去年的会议上了解到,初创企业的创始人受教育程度越高,企业就会越成功。但是,即使拥有惊人的教育水平也不足以实现创新。

发展必要的文化

我在《大繁荣》一书中指出，引发19世纪20年代英国和美国的高度创新的原因并不是建设创新经济所需的最后一批机构的建立：19世纪20年代的机构，包括公司、银行和其他机构已经存在了很长一段时间。大规模的自主创新需要人民的活力——创新的欲望、必要的知识能力和公众对创新的广泛接受。所以这种大规模的创新依赖于一种特殊的文化——价值观——这种文化花了几个世纪才在英国和美国达到临界水平。（顺便说一句，这种文化有衰落的迹象。）如果说大众创新需要一种特殊文化的主导，那么这种文化在中国人中是否足够普遍，从而产生高度的自主创新？

一个备受争议的问题是，人们是否有广泛尝试创新和打造新产品的意愿。当然，中国人非常重视知识：修身养性是儒家传统的一部分。（看到中国学生的学习热情，我总是很感动。）尽管热爱学习对创新有所帮助，但创新通常需要长时间的独立思考，以期获得独到的见解和非传统的解决方案。因此，这需要高度的创造力。中国人愿意忍受这一孤独的时期吗？

创新通常要求有新想法的人与他人的观点保持距离。创新也可能需要创新者脱离家庭和朋友圈。中国人愿意从中脱离出来吗？去年，一位记者表示，许多家长都在劝说他们正在读大学的孩子毕业后报考公务员。中国的年轻人有多愿意投身于一个无序和不确定的未来？

众所周知，美国在几十年前就丧失了活力。在讨论原因时，我指出家庭价值观阻碍了年轻人追求具有挑战性、创造性和冒险性的职业。这就引出了一个关于中国家庭的问题：父母愿意看到自己的孩子离开家乡、离开城镇或农村去追求冒险的事业和个人成长吗？（在圣彼得堡，一位女士告诉我，她希望儿子放弃在伯克利实验室的研究工作并回家。）我的观察表明，这在中国不是问题，但统计证据将更有说服力。

与此相关的是，许多国家在创新方面存在着社会障碍。如果一个企业家想要开创一项具有挑战性的创新业务，选择最优秀的人才往往是至关重要的。如果企业家认为他将面临优先考虑雇用家庭成员或其他亲戚的压力，那么他可能不愿意尝试创新。

我要提出的最后一个问题与创新能力有关。一个伟大的创新者，如史蒂夫·乔布斯，不仅了解成本，而且对销售有独到的见解。在中国，大规模的创新不仅需要人们有创新的意愿，还需要人们有洞察力和远见。要想在全球舞台上创新，中国企业需要对产品有"感觉"，让外国用户满意。

15

创新"万众"引领追求美好生活之路[①]

也许我们都认为已经听够了关于创新和繁荣的话题,但这些是我们所有人都需要更好地理解的重要课题。

对经济学家来说,"创新"指构想、开发和采用新产品和新工艺。"繁荣"通常是指就业和收入,指相对于劳动力和人口而言,就业率有多高,经济以多快的速度增长,员工工资和企业收入以多快的速度增加。

几百年前,人们认为创新只是科学家和航海家的新发现,他们不知道一个国家可以凭借其商业部门的原创性实现自主创新:商业人士偶尔会与工程师合作,或很少与科学家共事。后

---

① 本文源于 2016 年 6 月 24 日作者在成都举行的中央电视台纪录片《创新之路》全球首播礼上的演讲。

来，英国和美国证明了这是可能的：在19世纪初，它们建立了一种能够产生快速自主创新的经济。这种创新给它们带来高度的繁荣。

然而，一个多世纪以来，像意大利和荷兰这样的贸易国发现，在没有尝试自主创新的情况下也能获得足够的繁荣：可以依靠主要经济体进行创新，然后采用由此产生的新成果。

但现在，这种可能性非常有限：20世纪70年代，美国、法国和德国削减了它们在传统产业（制药行业除外）中的创新，硅谷的新产业几乎无法替代失去的创新——现在依然如此。因此，如果中国不能实现充分的自主创新，就不能期望收入快速增长，从而实现高度繁荣。

中国已经走上了这条道路。2014年9月，李克强总理在大连发表讲话，强调用好创新这把"金钥匙"，提出"大众创业、万众创新"。一年后，他谈到基层人民的参与。自那以后，各行业的准入管制放松，政府补贴也在鼓励互联网、电信和软件领域的初创企业发展。

这项庞大的事业提出了一个问题：中国能否指望通过自主创新实现高度繁荣？中国的自主创新会为其繁荣做出巨大贡献吗？我相信正确的答案是"是的"。（当然，创新的灵丹妙药可能更多地属于创新者，而不是用户。）

首先，随着一个国家经济中的某些人从参与生产转向参与创新活动，劳动力通常会增加，以取代他们的位置。一个从事创新活动的经济体将提供更多的工作机会。

此外，即使中国经济的转型只实现了适度的创新，这也有望带来整个经济中工资水平的适度增长。但可能会有复杂的情况。

只要创新能提高消费品行业的资本生产率，一切就都好。资本变得更有价值，因此，这些资本的生产者将雇用更多的工人，这将推高工人的工资。19世纪西方国家的工资与生产力"起飞"就是这样实现的。

但如果创新也能提高资本品行业的资本生产率，那就有问题了。这种推动资本品供应上升的创新，将导致这些行业的产出价格下降，从而导致一段时间内劳动力减少。反过来，整个经济的工资水平将下降到一个新的更低的工资水平。但资本品价格只能下跌这么多。因此，只要消费品行业的创新持续不减，从而提高工资水平，那么新的工资路径就必定会上升。没有创新，工资率的增长一定会停止。

这个问题可能是导致美国生产力增长在1970年左右放缓，并在互联网繁荣期间短暂复苏后，自2005年以来又回落至缓慢增长的原因之一。

我刚刚描绘的这种情形类似于美国经济学家一直在谈论的"停滞"：工资率和收入的增长速度远低于1970年之前的黄金十年。

另外，"大众创业、万众创新"在产生足够数量的新产品概念并被采用方面——至少在很长一段时间内——都不会成功，不足以偿还所进行的投资。在这种情况下，企业家和金融家将逐渐失去信心：很少有企业家愿意创办公司，而愿意为他们提供资金的投资者就更少了。

然而，这种危险并不能成为不去追求实现大规模创新，从而实现大繁荣这一鼓舞人的使命的理由。我们有理由让企业家和金融部门获得经济学家的真知灼见。

几乎整个世界都处于困境之中，有些国家已持续数十年。几乎所有国家都没有找到一条出路。现在，中国率先走上了这条路。至少，这表明它已成为"领航人"。如果这一战略行之有效，中国将是唯一一个实现繁荣的国家。

16 中国成为全球经济创新主要源泉的时代来临①

我很荣幸能在中国发展高层论坛发表演讲,也很高兴有这个机会与大家分享我对中国发展道路的一些看法——这些看法与其他一些人的看法截然不同。在这种反差的背后,是两种截然不同的生活理念。

今年论坛的主题是"新五年规划时期的中国",还有很多其他的议题。在所有这些讨论中,重点都是资源的转移:从投资转向消费,从重工业转向服务业,从私人领域转向公共部门。

令我惊讶的是,人们只呼吁改善产出组合,而对劳动力不闻不问。在中国,也许是时候考虑提升工作经验了(马克思会

---

① 本文源于2016年3月20日作者在北京举行的中国发展高层论坛上的演讲。

同意的)。

资源的重新分配远不是中国必须做的全部事情。对一个良好的经济体来说,优化资源配置(效率是其中的一部分)是必要条件,但不是全部。

实际上,一味关注配置可能会阻碍发展:关注被忽视的消费可能性的转移,可能会分散一个国家对良好经济所需的其他政策举措的注意力。然而,世界上存在一种相反的观点——最佳配置(意味着机构运转良好),如果再加上所需的教育投资,就足以支撑一个良好的经济体。因此,意大利人、德国人和法国人努力工作,他们工作时间少但工作表现出色。这就是其每小时生产率和每小时工资率很高——远高于美国和英国——的原因之一。

然而,欧洲大陆的劳动者似乎对他们的工作并不满意。有间接证据可以证明这一点,即欧洲大陆的劳动者的休假时间创了纪录,而且他们的劳动参与率相对较低。有关工作满意度的数据也提供了直接的证据。在西方大国的住户统计调查中,关于工作满意度水平在欧洲大陆是最低的。[1] 这样的发现不应使我们感到惊讶。欧洲大陆的企业不再是充满新刺激、新挑战、吸引人们工作的地方了:几十年前,欧洲少数几个一度充满活力的经济体实际上已放弃了创新。

从如此糟糕的表现中我们可以合理地推断,中国和所有国家都必须避免采用一种只求效率的模式,比如欧洲大陆模式。

但什么才是正确的模式呢？

我在《大繁荣》一书中提出，正确的模式就是"美好经济"，即提供美好生活的经济。在这一点上我们可能有分歧。大家可能知道，许多经济学家——包括我的好朋友约瑟夫·斯蒂格利茨、让-保罗·菲图西和弗拉基米尔·柯文特——都是生活质量这一概念的支持者。所谓高质量的生活，主要是指充足的消费和充足的休闲。近年来，他们强调了几项公共产品：清洁的空气、安全的食品、安全的街道，以及市政设施，比如公园和体育场馆。这个概念是欧洲理想的具体化，可以追溯到古罗马。当然，我并不讨厌这些服务，我也不会反对政府提供这些服务，但它们并不属于哲学家所说的"美好生活"（这个概念的创始人亚里士多德曾开玩笑说，我们需要它们来恢复气力，为我们第二天的工作做准备）。

我的另一位好友、哲学家和经济学家阿马蒂亚·森指出，所有这些对消费的关注都忽略了一些东西：人们对"做事"的需求。这就把人类的渴求扩大了。但这似乎还不够。人们想要的不仅仅是被困在一个他们没有自主权的工作计划中。

为了过上美好生活，人们需要在他们的工作中有充分的自主权。他们到底想要做些什么？正如一些哲学家所说，人们重视的是有表达自己的空间——能主动表达自己的想法或展示自己的才能。

还有一些人说，人们看重通过自己的努力和洞察力获得成就。我曾用"prospering"（得偿所愿，源于拉丁语 prospere，意思是"如你所愿或一如所期"）一词指人们在工作中对成功的体验：工匠对他来之不易的技艺能更好地完成自己的工作表示满意，商人对发财感到满意，或者学者对被授予荣誉学位感到满意。

人们还珍视工作和职业带来的个人成长经历。与其他人一样，我用繁荣一词指代对未知之旅的满足、对不确定性的迷恋和"在世界中活动"的兴奋。（我想顺便指出的是，实现、繁荣、兴盛指的都是经验上的收获，而不是金钱回报。）

什么样的经济才能提供这种美好生活？历史经验表明，充满创业精神的经济——人们善于发现不易察觉的机会并主动尝试新事物，以及充满创新精神的经济——人们能够想象新事物，将新概念发展为商业产品和方法并推销给潜在客户的经济，将是美好的经济。从社会基层到最有优势的群体，企业部门中正在进行的创新将遍及大多数行业，并且具有包容性。

当然，我没有忘记"公平经济"这一平行概念。经济公平要求在经济上对弱势群体进行最大限度的包容。但是，让我在这里继续讨论我的主题。

我希望上述经济能够在未来几年内发展起来。当然，除了繁荣昌盛，还有其他一些可取的东西。在困难时期，一个国家可能负担不起良好的经济。当然，人们不仅需要良好的经济体验，他们还需要足够安全的空气和足够安全的食物。确实如此。

我想说的是，要完全满足人们对公共服务和其他公共项目的无数需求，就需要一个规模庞大的公共部门，而这将大大挤占民营主体的适应性和创新性活动。此外，在提供许多现已由公共部门接管的服务方面，民营主体并不逊于公共部门。（地下铁路曾经是民营企业的产物，而不是政府部门的产物。）即使在今天，城市交通领域最激进的变革是优步带来的。而在不久的将来，最彻底的变革似乎是自动驾驶汽车。这两者都是民营主体的产物。

最后总结两点：第一，长期以来，人们一直在问，中国商人是否具备成为创新者的气质和修养。现在有证据表明，大量中国人有能力实现创新。对中国和七国集团国家自主创新的估计显示，中国在20世纪90年代已经排在第四位；在接下来的10年里，当英国和加拿大落后时，中国将排在第二位，与美国相差不远。

第二，来自美国的创新比以前少得多，欧洲的四个曾经充满活力的国家几乎没有任何创新。因此，中国可以成为全球经济创新的主要源泉——与美国持平甚至超过美国。我认为，这对中国和世界都是一个宝贵的机遇。

17

从高质量生活迈向美好生活[①]

我来到广东省佛山市顺德区,就像回到了自己的故乡。我一直在阅读提供给我的关于这个城市的介绍性文件,让我印象深刻的是,这份文件中提到了人类价值和满足感。[1]在我的演讲中,我将指出顺德的一些观点与我的观点相当一致的地方。我还要指出几个我怀疑我们还没有达成一致意见的地方。

生活质量、美好生活和繁荣

文件中首先引起我兴趣的是顺德是一个"宜居城市"这一

[①] 本文源于2013年9月5日作者在顺德举行的诺贝尔奖经济学家顺德峰会上的演讲。

理念。这份文件讨论了生活质量的问题。比如一个缺乏医疗设施和医疗人员，导致人们的健康状况不佳，而且在下班回家的路上还存在被抢劫的风险的城市，生活质量就很差。安全与保障是公民社会的福利——物质福利。便利设施如公园、体育场馆和音乐厅等也是物质财富。

所谓的高质量生活，是这样一种生活：它的福利是充足的，人们有充足的闲暇和财富来负担这些福利。给城市带来高质量的生活，主要是政府的职责，更广泛地说，是公民社会的职责。基础教育可以提高生活质量。政府可以消除不安全的食品和糟糕的空气质量，并减轻贫困。

但如果我们生活中所拥有的只是这些福利，其大部分或全部是物质的，我们就会错过一些对大多数人来说非常重要的人类满足感。一位经济学家就我上周接受一家法国报纸的采访一事在博客中写道，尽管法国安全而富有，但如果不振兴经济，它将成为一个"僵尸国家"。在下个月将在斯德哥尔摩举行的一场会议上我将发表两篇论文，一篇是关于生活质量的，另一篇是关于美好生活的。它们是完全不同的：高质量的生活不能满足美好生活的要求——哲学家和人文主义者所说的美好生活并不是这个意思。

美好生活意味着什么？它是社会上的所有人或大多数人都羡慕的一种生活——渴望和奉献，因此也是社会中的个人通常渴望的生活模式。高质量的生活充满了社会给予的"好处"，而美好生活，正如人文主义者和哲学家所说的，是一种追求理想的事业（见表17-1）。美好生活的概念强调的不是生活的好处，而是追求理想的努力带来的回报。没有努力，就不是美好生活。

表17-1 高质量生活与美好生活

高质量的生活	美好生活（现代版）
受到充分保护 安全 丰富的娱乐设施 享受文化 享受传统 享受大自然 充足的休闲 充足的物质财富和收入	迎接挑战（塞万提斯） 内心的挣扎（莎士比亚） 探索未知（克尔凯郭尔） 克服障碍（尼采） 无畏地生活（詹姆斯） 生成或个人成长（蒙田、柏格森）

这些回报是经验上的，不是金钱，也不是物质。这些回报是什么？美好生活中最值得庆祝的回报是应对美好生活所带来的挑战的快感。挑战容易引发"内心的挣扎"：为了表达自我，我是否必须接受挑战？因为这就需要面对"我是谁"的问题。接受真正的挑战需要"探索未知"，这虽然会引起焦虑，但很有趣，甚至令人兴奋。还有在旅途中"克服障碍"的喜悦。旅程就是收获，在这段旅程中，我们的经历和反应是个人成长的源泉，所以我们总是在成为一个崭新的人的过程中。（要想进入这样的旅程，人们必须有正确的价值观，这一点我稍后再谈。）

在座的许多人都会对高质量的生活与繁荣的关系感兴趣。繁荣是做有回报的事情的结果（见表17-2）。人们如果不断扩展自己的能力或获得更强的赚钱能力，就被称为繁荣。这些回报是物质的。那些通过运用自己的想象力和创造力解决问题、迎接挑战和尝试创新，表现自己的才能和品格的人，就像那些过上美好生活的人一样，也被认为是繁荣的，这种非物质的富足也叫繁荣。这些回报是非物质的。即使是纯粹的物质回报——如果它们足够多的话——也会提供一些安全、舒适和其他高质量生活特征之外的享受。而过着美好生活的人，除了非物质回报，还可能会获得重要的物质回报，这是他们所经历的旅程的副产品。

表17-2 两种个人繁荣

物质	非物质
增强实现目标的能力 获得赚取和改善"贸易条件"的权力	发挥创造力 迎接挑战 自我表现 蓬勃发展

但是，在这里我要说的是，一个社会可能有许多人因自己的努力而获得物质回报，他们很富足，但没有过上美好生活：他们缺乏非物质回报，没有实现繁荣。

调整结构以增强活力

什么样的经济有能力产生这种繁荣？在西方历史上，运行过两种经济（见表17-3）。

表17-3 两种经济

传统/社团主义经济	现代经济
• 安全 　养老金 　医疗保健 • 社会保障 　就业保护 　关税 • 团结 　与社会伙伴和利益相关者团结一致 　保持步伐一致 • 私人与公共之间的联系 　游说集团 　赞助 • 精英的角色：干预 • 波动	• 活力 　创新的意愿、能力和空间 　创新活动：发挥创造力 • 经济独立 　丰富的工作经验：便于创立公司 • 繁荣 　物质回报：获得赚钱的能力 　非物质回报：获取经验 • 广泛参与 　创新扎根基层 • 波动

传统经济——本质上是一种社团主义经济——在20世纪的最后25年里一直占主导地位，直到现在。它的主要特征是通过国家和利益集团之间的联盟或联系，对经济的实质性方向做出规定。在实践中，其结果是，能力强的人往往会组成精英群体，谈判并执行既定的经济方向。这样做的一个后果是，许多人才都在经济的上层中，而不是"基层"——在一个行业的前沿——在那里，他们会从事各种可能带来创新的活动。另一

个后果是权力集中，使得来自社会基层的新商业理念难以获得资金支持。

西方的另一种经济是现代经济，于19世纪20年代在英国和美国兴起，后来在德国和法国兴起，直到1940年一直表现良好，在某些情况下持续到20世纪60年代。这些现代经济体的特点是在这一漫长的时间跨度内，甚至在20世纪30年代的大萧条时期，都充满了活力——创新的欲望、能力和空间都很大。在这漫长的时间里，人们有一种繁荣昌盛的感觉——尽管这种感觉在大萧条期间急剧减弱。社会基层充满了活力，因此，人力资源大量投入创新活动。

这个体系是如何获得活力的

根据弗里德里希·哈耶克提出的一个著名理论，商业人士由于掌握了实践知识，有时可能会注意到某个地方的低效率，从而为采用新工艺或生产新产品提供机会。市场可能永远不会完美，尽管企业家不断地做出"调整"，让我们更接近高效率，但哈耶克的观点并没有带来这样的希望，即一个国家的企业家通过找出经济中的所有低效之处，就能将生产率提高两倍甚至三倍。而且，在缺乏创新来源的情况下，这种提高生产率的手段只能让一个国家走这么远。它无法提供可持续的技术进步。

一个一直存在的主张是，在美国历史上，生产方式的高速发展，以及由此导致的生产率和工资的急剧上升，是在政府项目中雇用科学家和工程师的结果。但是，如果说只是19世纪美国为数不多的科学家带来的惊人的生产力增长，那太不可思议了。只有把大量的人力资源下放到基层，才能产生大繁荣。

中国太大了，已经拥有大量的科学家。中国的企业和政府可以像美国那样，雇用科研人员来实现基本的进步，从而使商业创新成为可能。中国可以加入创新的角逐中。然而，中国科学家人数不多，他们的大部分时间必须用于向下一代教授科学知识，另一些时间必须用于科研，因此没有大量的科学家可以专注于商业项目转化。中国科学家也无法创造出大量的商业应用，而这是提高生产力所必需的。因此，我们又回到了需要一个能够利用世界各地的技术、资本和劳动力来构思、设计、测试和营销新工艺和新产品的商业部门的问题上。

我们认识到，创新需要企业家精神，但是它也需要创新精神和支持创新的氛围，从而在一定程度上找到了答案（见表17-4）。创新要求企业家判断什么是可行的，并进行新工艺或新产品的开发和营销。但创新也需要创新者具有洞察力、战略眼光、想象力和勇气，能打破传统思维。因此，"商业"是答案的观点并不完全正确。这需要合适的商业人士和公司动力。普通人并不缺乏想象力或创造力。可以预期，其中一些人具有洞察力，能够很好地预测哪些创造会在市场上成功，哪些不会。

表 17-4 企业家精神与创新者精神

企业家精神	创新者精神
• 新产品或新工艺的构思、开发和营销 • 科学发现的改造 • 国外创新成果的转移 • 判断力：预测选择后果的能力 • 智慧：对未知的感知能力	• 企业家精神的所有特征 • 洞察力 • 战略眼光 • 想象力 • 创造力 • 探索的好奇心 • 脱颖而出的勇气

鼓励创新的价值观

商业这条路是通向活力的唯一道路。问题是中国能否沿着这条路走得很好。这也是西方面临的问题：人们正在问，是否有可能仅仅通过恢复某些制度和改善政策，恢复过去的活力？

19世纪，西方一些国家之所以能迸发创新的火花，是因为我所说的"现代价值观"的出现（见表17-5）。在这些国家中，有足够多的人具有个人主义、活力主义和自我表现的欲望，这些都是创新活动得以广泛开展的必要条件。相反，有几种传统价值观会抑制创新的尝试，甚至会阻碍创新。

表17-5中右列为一些现代价值观，如果它们占据主导地位，就会成为推动人类创新想象力的引擎——激发现代经济活动。表17-5中左列为一些传统价值观，如果它们压倒了现代价值观，就会导致社团主义经济——一种几乎没有创新意愿和空间的经济。

表 17-5 传统价值观和现代价值观

传统价值观	现代价值观
家庭责任 社会的团结 与利益相关者分享回报 服务他人 服务社会 物质目标，而不是经验目标 无私	• 个人主义 　独立思考 　为自己工作 　个人权利 • 活力主义 　主动采取行动：对世界采取行动 　与他人竞争 　寻找挑战 　克服障碍 　做事情 • 自我表现 　留下印记 　想象和创造 　探索、试验 　"对新事物的狂热"

地方和中央政府的任务

有一个问题是，中国是否会以这样一种方式来组织其经济，以激励企业家进行创新。

中国的情况喜忧参半。在国有企业，我不了解管理人员的选择是否基于他们的商业洞察力。重要的是，没有一家公司会创新，新事物是否会被采纳和广泛应用取决于市场。如果过去利润最大的国有企业更容易投资技术开发项目和购买海外技术的项目，这是有一定帮助的。但我们不能期望在这个领域的新产品和新工艺的开发上取得巨大成效。

民营企业，有一个优势，即许多或大多数首席执行官都是通过创建成功的公司来证明自己的能力的人。但他们中的一些人，尤其是小公司的首席执行官，不具备获取新技术的技术素养。所以在这个领域，问题在于技术的先进性，而在前一个领域，问题在于商业判断。

中国的金融体系并不具备根据经验和人才来选择是否投资创业项目的能力。至于对国有机构的贷款，各国有企业的资金分配是否会流向能够最大限度地提高生产率的项目，这一点也不明晰。而在民营企业贷款领域，关系似乎比专家评价更具有决定性。

中国不正是这样做的吗？它不是实现了很高的自主创新率吗？所谓的全要素生产率的增长率——本质上是产出增长率的一部分，无法用资本和劳动力的增长来解释——在20世纪90年代中期达到很高的水平之后增长放缓，然后在21世纪前10年的后几年再次达到很高的水平，现在的水平比这两个时期要低一些。根据世界大型企业联合会的数据，2011年的最新数据仅为2.2%。（我记得我看到詹姆斯·莫里斯教授报告的其他一些数据也显示了这种放缓。也有人说，中国企业低估了价格的上涨，从而高估了每名工人的实际收入。）吉尔维·索伊加预测增长率约为5%。但其中一些是哈耶克式的调整，其中一些原因可能是全球基础设施的改善。剩下的就是自主创新了。尽管如此，中国似乎仍存在自主创新。

单靠教育并不能使中国蓬勃发展。然而，从理查德·纳尔逊和我的早期工作中可以知道，高水平的教育可以使潜在用户评估市场上的新工艺和新产品。所以，教育可以放大创新，就像一个助推器信号。虽然它不能直接创造创新，但它创造了一个鼓励企业家尝试创新的环境。

18

美好生活引导我们必须走向未知的旅程[①]

很高兴也很荣幸能在毕业典礼上发言。我演讲的主题是职业生涯。

我曾听经济学家说，一个人的职业生涯是一个不断获得越来越好的"贸易条件"的过程，这包括获得越来越多的专业知识——具有"稀缺价值"的专业知识。这些经济学家的观点是机械的：你投资更多的专业知识，到一定程度后，你会获得回报。[1]

这个关于职业生涯的故事遗漏了很多。它没有注意到，当我们努力去获得某个专业或行业的专业知识时，我们并不知道

[①] 本文源于2015年6月28日作者在闽江学院新华都商学院毕业典礼上的演讲。

我们会获得多少专业知识。更糟糕的是，我们几乎不知道什么样的专业知识会变得"稀缺"，从而具有相当大的"价值"。所以职业生涯可能会很艰难。另一位接近退休的经济学家说，他年轻时"不知道生活会有多艰难"，他补充说，"也不知道生活会有多有趣。"他本可以补充说，生活之所以有趣，一部分原因是它是一种奋斗：为成功而奋斗。

这种奋斗是为了成功。当某人"出人头地"——通过自己的努力和策略赢得更好的报酬或更好的工作——我们说这个人成功了。我们认识到，成功的回报比金钱能买到的更多：成功是非常令人欣慰的，因为成功来之不易。

在我自己的生活中，出人头地既困难又有趣。我有时会为一些地位和荣誉而努力，而且也确实有所收获。但我并不认为我最大的满足来自我的成功。

事实是，生活——至少是美好的生活——不仅仅是为了成功而奋斗。一些哲学家写过关于工作的经验，好的和坏的都有。20世纪早期一位哲学家和教育家曾说过，工作场所的一个重要部分就是体验"解决问题"。在我们这个时代，另一位哲学家呼吁人们注意"做事"的重要性。[2] 这两种说法都表明，完成工作会让人愉悦，工作经历总体上是令人满意的。[3]

还有一些思想家谈到了成就。一位社会心理学先驱认为，有些人，特别是那些在生命早期就发展出相当独立性的人，需要有所成就。[4] 根据态度方面的数据，每个国家都有许多人——可能是在座的大多数人——在寻找能带来成就感的工作或职业。人们一生的成就显然是令人欣慰的。很多人把高薪或巨额财富视为一种反馈——一种他们做得有多好的指标——而不是他们的首要目标。

就其本身而言，这两种观点似乎都是正确的。我知道，当我把事情做好的时候，我感觉很好，对自己完成的工作感到满意。但是，在我看来，这些经历并不足以过上美好的生活。只是忙着做事情或者仅仅为了取得成就是远远不够的。

幸运的是，许多人在经济领域的职业生涯中获得了丰厚的回报——在中国和西方都是如此。有些具有创新精神的人拥有开发新产品或新工艺的经验。有些创业者拥有发现新机遇的经验。当然，他们希望新产品或新工艺能被市场采用，但即使失败了，这种经验也是有益的（莱特兄弟在一无所成的那段日子里是快乐的）。我们说，一个人从事迷人或令人兴奋的工作就是繁荣。这就是当今人文学者在谈到"足够丰富的生活"时所想到的那种经历。这也是当今大多数哲学家在谈到"美好生活"时所想到的那种经历。

这些人文主义者指出了意大利文艺复兴晚期的个人主义：对独立——以自己的方式生活——的赞美在本韦努托·切里尼的自传中栩栩如生。他们还指出了一些最伟大的富有想象力的文学作品中的活力主义：西班牙作家米格尔·塞万提斯的小说《堂吉诃德》和英国剧作家威廉·莎士比亚的戏剧《哈姆雷特》。

这些小说作品反映了人们在现实生活中的活力主义体验。当我们"对世界采取行动"（用黑格尔的话说）时，我们就会感到自己是有活力的，而在我们采取行动之前，我们就会感到自己没有活力。

这种活力主义是15世纪和16世纪探索和发现的核心。踏上探索之旅的人是在锻炼自己的好奇心和洞察力。中国航海家郑和是伟大的探险家之一。17世纪的科学革命——想想艾萨克·牛顿爵士和威廉·哈维爵士——是人们渴望揭示物理世界运行规律的另一个例子。

我能体会到这一点：当我探索一个理论模型的特性，或者检查一些数据是否会证实或证伪我的理论时，我感到非常投入。这便是活力主义。我经常会提出一个问题或解决一个难题，因为我认为我可以从中获得快感。[5] 但我不认为这是职业生涯中最重要的体验——最深刻的回报。不只有我一个人这样认为。

正如19世纪的一些思想家所主张的那样，丰富的生活是一种冒险，会带来不可预见的后果——一段未知的旅程。其中一位哲学家认为，人们在旅途中遇到的障碍不仅仅是他们在通往未来利益的道路上必须付出的代价：这些障碍使这段旅程变得值得。那些迎接挑战和克服障碍的人是在用他们的意志和决心来表达自己。[6] 换句话说，他们正在证明自己。[7] 另一位哲学家谈到了一种生命力，它激励人们踏上追寻新事物的旅程。他们对旅程的强烈参与改变了自己，所以他们一直在"生成"

的过程中。生成什么？一些学者谈到"自我实现"——发现自己的才能，提高自己的潜能；其他人谈到了自我发现——找到"你是谁"。[8]

但是19世纪的哲学家丹麦的索伦·克尔凯郭尔更为激进：他认为，现代社会的人们在一个不确定的世界中规划自己的道路时，他们正在塑造自己的身份——他们正在不断地被改变。克尔凯郭尔承认，不确定的旅程会带来焦虑，但他说，人们必须跳入未知，才能"拥有生活"。我还要强调一点：许多人被冒险吸引是因为他们对不确定性——不知道旅程会变成什么样——有一种迷恋。

尽管存在差异，但所有这些思想家所传达的基本信息都是一致的：你必须走向未知！

在这样的旅程中，人们做什么是最重要的体验？所有这些作品中都隐含着：在这段旅程中，人们将不得不发挥想象力，测试创造力。这不是满足好奇心或展现意志力的问题。未知使人们有必要进行想象，并使创造新事物成为可能。在16世纪前夕，著名学者乔瓦尼·皮科·德拉·米兰多拉提出人——几乎所有人——都拥有创造力之前，人们还未想过男人和女人都能够创造新事物。作家们很少谈及创造力，直到18世纪启蒙运动之前，当时戴维·休谟写道，在世界上创造新事物首先需要人们发挥想象力。皮科、休谟和克尔凯郭尔奠定了现代思想的基础。

这也与我的生活产生了共鸣。当我兴奋得头昏眼花，少数几次灵光闪现的时候，就是我想象出新事物并设法创建一个理论模型的时候。企业中的创新者也有类似的经历：他们想象一个新的世界，创造一种新的产品。

然而，1815 年首次在英国兴起的高度创新源自想象力和创造力的观点在 20 世纪遭到反驳。20 世纪初的历史学家认为，创新是"科学家和航海家"在经济之外的发现——也许这是偶然的，而不是具有创造性的。[9] 直到 20 世纪 60 年代，几位思想家才赋予创造力核心地位。[10]

许多经济学家对创造力可以被广泛运用的观点感到不舒服。根据定义，新思想是不可预见的；这就是它们的新奇之处。因此，如果新思想是社会的驱动力，那么世界的未来是无法预见的。因此，所谓的经济科学不可能发展出能够预测经济大方向的理论。因此，创造力的存在对包括政治经济学在内的标准的经济学构成威胁。但这种经济学是错误的。19 世纪中期，美国各地都展示出了创造力，但这并不是科学家的创造力：科学进步非常缓慢。1858 年，亚伯拉罕·林肯在就任总统之前的旅行中看到了这一点，他感叹道："对新事物有着极大的热情——一种强烈的狂热。"大量普通人在探索、修补、想象、构思、创造、测试、尝试和营销。

现在，各国都不确定应该为他们的公民提供什么样的生活，从而建立什么样的经济和社会。这是现代与传统之间的古老的斗争。在西方，许多传统价值观似乎已经恢复了力量。更多的美国人谈论经济安全、社会团结、社会责任和权利意识，物质主义盛行。经济合作与发展组织在巴黎发布的《斯蒂格利茨报告》高度重视三个物质主义目标：财富（或收入）、休闲和长寿。这份报告完全不重视想象、创造、探索、测试一个人的想法、证明一个人的自我。报告完全没有意识到一个从事本土创新的经济体的奇妙之处。

我很高兴中国朝着另一个方向发展：减少传统。但它已经走得够远了吗？顺德的一份文件赞美了该市的公园、博物馆和其他生活设施，但没有提及商业生活、充满活力的公司以及在那里提供的吸引人的、有回报的工作。

对那些参与经济的人来说，中国要避免陷入中等收入陷阱，这一点很重要。中国也要避免陷入物质主义陷阱——仅以财富和闲暇来衡量自己的福祉，并且要避免满足于枯燥的商业经济。

当你走向世界时，要对可能会照亮你未来的机会敞开怀抱。如果你可以选择，那就抓住机会，从事更富有想象力和创造力的工作。如果可能的话，拒绝那些只提供金钱和工作保障的工作，选择冒险和实现个人成长的不确定旅程。

第四部分

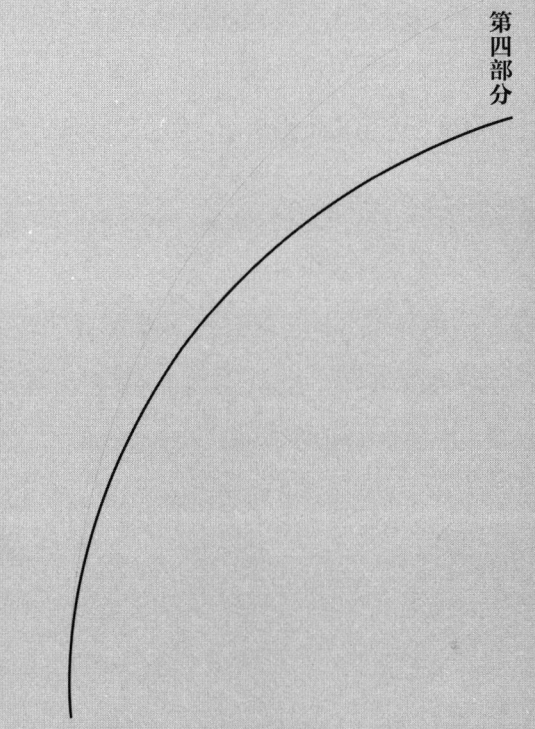

克服障碍，创造良好经济

19

经济之困：欧洲、美国和中国的"新常态"[①]

全球主要经济体——欧洲、美国和中国都在通过不断的改善走向属于自己的"新常态"。这些经济体都提出了摆脱贫困的途径，但每个经济体都有自己的问题，这些经济体都觉得自己的方式并不是最快速的。其中，欧洲严重缺乏自立的能力，而美国也不再繁荣，每个经济体都在不同程度上缺乏繁荣的人类经济活动。

欧盟是以国内生产总值来衡量经济状况的。欧盟的经济体量非常大，甚至超过美国和中国。欧盟经济衰落会降低世界其他地区的工资水平。更重要的是，一个多世纪以来，欧洲一直

[①] 本文源于2015年1月10日作者在福州闽江大学新华都商学院的演讲。

是新产品的主要来源，也是科学和艺术进步的关键来源。如果欧洲继续未能重拾辉煌的过去，全世界都将变得不再富有。

在过去的20年里，欧洲经济显然处于非常糟糕的状况。普遍的观点是，2015年欧洲经济的总产出远低于之前的趋势路径，也低于1995年历史数据的趋势线。

然而，欧盟的经济学家相信，欧洲经济没有出现根本性的问题——欧洲经济不需要深入核心的、具有变革性的结构性改革。然而，值得注意的是这些经济学家在观察到经济状况不佳时的想法，他们也提出了问题，并且给出了相应的解决措施和方法，我们可以学到一些对我们有用的见解。

许多经济学家谈到竞争力的丧失，特别是在欧洲南部的希腊、意大利和西班牙，他们表示，相对趋势而言，产出在很大程度上是下降的，因为工资与生产率脱节，迫使企业削减开支——这是工资失调的一个例子。基于这一观点，德国经济学家主张受影响经济体应该实行工资紧缩；凯恩斯主义经济学家主张通过货币刺激来提高物价，并通过国家投资基础设施来创造更多的就业机会。

采用这一观点的背景是，1998年前后的德国、意大利、法国和西班牙，以及2005年左右的英国的生产率急剧下降，尽管德国和英国的工资率一直与生产率保持一致，就业率也一直保持在相当稳定的水平。意大利、西班牙和希腊的工资水平与生产率在20世纪90年代末的繁荣时期发生脱节，21世纪初，法国和希腊的工资水平遥遥领先于生产率。这些工资差距可以很好地解释在此期间男性就业率下降以及工资水平下降的原因。其中，在意大利、法国，最明显的是在德国，我们看到了从20世纪70年代（德国和意大利）或80年代到90年代（法国）的就业人口比率下降更大。就业率的下降也是工资失调的结果吗？就业率的每一次下降都是由于市场失灵吗？当然不是。没有人会相信，主要是因为这种失调的累积导致就业率下降，从而导致产出跟不上趋势路径。一定有其他力量在起作用。

经济学家就两种对立的学派展开了激烈的辩论。我本人（在英国《金融时报》上）就此做过阐述，在一定程度上，是劳动力供应的收缩导致就业的减少，从而导致产出的滞后，在很大程度上是由于欧洲财政在20世纪90年代中期至21世纪前10年中期的挥霍导致收缩：在希腊、意大利，以及程度相对较轻的法国，减税和增加支出的措施增加了家庭对私人财富与其工资收入之比的预期，对未来福利的权益有所增加，也增加了人们的社会财富相对于他们的收入的预期。（欧盟还向西班牙和希腊慷慨地捐赠了"结构性基金"，这进一步增加了人们的财富。政府的举措让一些人变得富有。在希腊，就连公共部门的工资都涨到了天价。）由于财富膨胀，许多员工失去了表现良好的动力，因此企业的生产成本上升，许多家庭减少了劳动力参与率——推迟就业或提前退休。

根据凯恩斯主义的观点，家庭财富的增加通过增加消费需求来促进就业。凯恩斯主义者认为，是总需求的下降导致了就业的减少，从而拉低了产出。在他们看来，南欧需要更多的"财政挥霍"，而不是强制性的"财政紧缩"，以扭转就业率的下降。（有统计证据表明，消极的消费观念对于家庭财富收入比①与劳动参与率与劳动年龄人口之比②以及就业率与劳动年龄人口规模之比的关系。此外，意大利、希腊和西班牙也没有更多的选择。）

然而，当前"凯恩斯"与"经典"之间的争论忽略了大局。自20世纪七八十年代以来，相对于历史趋势而言，产出大幅下降的主要原因是欧洲生产率的大幅放缓。这种放缓是两种创新缺失的结果：在20世纪60年代，欧洲的创新在二战后的这些年里，与前100年相比，势头放缓，欧洲持续的生产率增长完全依赖于美国的创新。然后，到20世纪70年代，美国的创新也减缓了。欧洲在20世纪90年代中期前后还可以进一步利用美国过去的创新成果，这一资源实际上已经枯竭。这有助于我们理解欧洲生产率增长为何大幅放缓。

2015年初，南欧的就业人数锐减——主要是由于金融危机的余波，以及货币和财政政策带来的挥之不去的不确定性。

---

① 这些数据仅针对男性，不同国家之间妇女参与率的差异很大程度上受到了不同国家文化的影响，因此在这里不计入统计结果。

② 当然，为了保持增长速度，每年的创新必须与当前的存量成比例——而存量正变得越来越高。因此，要保持原有的增长速度，就需要人类的想象越来越深远。然而，美国这样做了100多年。

很少有企业在投资，因此很少有工人被雇用。但是，即使欧洲很快从这个衰退的经济中复苏，欧洲人也不得不面对经济没有显著的生产率增长，战后几十年来已经习以为常的工资上涨将被迫中止。欧洲人将继续面对这样的企业：在这些企业中，几乎没有员工参与任何有吸引力、有挑战性或创造性的工作。最后，欧洲人将面临就业继续疲弱的局面，原因是当前生产率增长乏力，以及对未来生产率增长的预期不佳。

更糟的是，欧洲发现自己陷入一个恶性循环：有50万年轻的欧洲人已经开始新的生活，仅在过去的两年中，每年就有25万左右的人有望离开欧洲，人们缺乏回报丰厚、令人满意的工作机会。随着欧洲优秀人才的流失，其摆脱经济停滞的可能途径将变得更加狭窄。

欧洲正在发生的事情不仅带来已知的危险——欧洲贸易和投资机会的损失给整个世界带来了机遇，也带来了未知的危险。在很长一段时间里，我们还没有看到一个高收入经济体的长期停滞蔓延到整个大陆。

20世纪60年代末，美国出现了所谓的"生产率大放缓"。全要素生产率（劳动生产率和资本生产率之和）的年增长率自1922年以来平均增速为2%，到1972年后放缓至平均增速为1%。包括我在内的美国人都不知道这将会是怎样一场灾难。

对于这种放缓，唯一合理的解释是，美国经济的总体创新率在20世纪60年代开始下滑，并一直保持在较低水平。在华尔街，这种解释遭到抵制。"你不知道，"他们说，"加利福尼亚州的硅谷和马萨诸塞州的128号公路已经非常具有创新性了。"通过注意到传统行业的创新急剧下降，这一误解得到了解决，因为我们注意到，传统工业的创新能力大幅下降，而这些传统工业主要分布在美国的中心地带，也就是美国的内陆。硅谷和128号公路的规模还没有大到足以抵消大部分经济领域创新的消失的影响。对硅谷有深刻了解的企业家、天使投资人彼得·泰尔认为，硅谷激进创新的时代已经过去了——在过去，硅谷带来了很多激进的创新。

是什么力量导致美国的创新存量增长率出现如此大的下降？我在《大繁荣》一书中对此有一段很长的讨论，在此我将列举其中的几个假设。

一个国家要有广泛的创新，人民必须有激发创新所需的活力。我想，年轻的美国人在成长过程中仍然怀有一种创新的欲望，即构思新事物和改变世界。然而，从采访和调查中可以看出，很多在上一代被认为是有创新抱负的年轻人，已经被抑制了对这种生活的追求。美国社会已经不再重视个人的探索和创造力。家庭、朋友和社区对个人施加了越来越大的压力，要求他们不要脱离集体。金钱已经成为衡量一个人成功和主要满足感的标准：父母和配偶敦促年轻人选择高薪的、有保障的工作，而不是拥抱不确定性，踏入未知的旅程。

英国的就业水平与其高财富水平不成比例。这或许是英国贫富差距异常之大的结果。

近几十年来，美国社会的年轻人是否已经具备了创新所需的能力是一个值得探讨的问题。一般来说，创新者必须洞察新构思的产品是否会在市场上取得成功——这种洞察通常来自商业经验和才能。"婴儿潮"一代人的成长，为劳动力市场增加了很多劳动力。他们对商业世界的熟悉程度远远低于上一代人，对商业的兴趣也大大降低，新一代可能会有所不同。

如果创新要广泛传播，社会就必须给予有抱负的创新者更大的自由。然而，在美国，创新面临着巨大的障碍。老牌企业的所有者、管理层和员工等既得利益者认为，在创新者带来的竞争面前，他们有权受到保护；在市场份额被新竞争者抢走时，他们理应得到救助。对政客来说，讨好利益集团于他们而言至关重要。这就是社会保护文化。其结果是，任何有抱负的创新者在考虑将一种新产品或新工艺引入一个已建立的行业时，都会意识到自己注定要失败，因为国家会保护现有企业不失去市场份额。在过去的几年里，一些所谓的科技领域的年轻巨头，比如谷歌，已经开始入侵传统行业。

因此，在可预见的未来，美国的生产率和工资将近乎停滞，就业机会不足，就业疲软——与欧洲类似，但只要新产业、新产品或新工艺得以构思和发展，并且有些能够获得成功，情况就不会那么糟糕。

在2015年初，美国已经实现了表面上的复苏。从危机中艰难复苏，是大量尚未开发的新想法和积累起来等待投资的留存利润共同作用下的自然结果。数据显示，在最近的经济衰退之后和互联网热潮之前，失业率大约在1995—1996年的水平，在长期停滞的情况下，此刻的繁荣多亏了被称为"水力压裂法"的创新，及资本从欧洲和其他地方的外逃，这使得美国的创新项目更容易获得融资。然而，劳动力参与率已经创下新低，实际工资和生产力的增长仍然不明显，劳动者的工作满意度也没有提高。

凯恩斯主义理论认为，正是对财政紧缩的拒绝使美国经济得以复苏，欧洲却没有。金融危机之后，政府支出并没有出现多少永久性增长，一堆临时支出的措施目前已经普遍失效，而且没有永久性的减税。恰恰相反的是，许多税率被提高，大量的政府雇员被解雇，公共就业人数比以前还要少。此外，很有可能我们将看到这种繁荣逐渐消失——繁荣将在一两年内结束，就像所有的繁荣一样。

我们都知道，中国通过贸易投资、劳动力和技术转移，以及海外技术转移，实现了惊人的工资增长和更好的就业情况。但应该清楚的是，这些经济持续增长的途径能够带来的活力是有限的，可能会陷入收益递减的趋势。

中国若想实现经济大繁荣，必须为吸引人的工作提供更广泛的机会。

由于以上这两个原因，中国将可能陷入与欧洲和美国相同的境地。现在必须开始想方设法将本土创新从科技行业的精英扩展到各种行业和各类人群，欧洲和美国如果想重新实现大繁荣也要这样做。

具体可以表现在大力发展教育事业，激发创新活力，消除社会保护体系和不利于创新发生的规章制度等。

我想，从创新的角度来讲，中国、美国和欧洲面临的障碍是一样的，要持续地推动经济增长、实现大繁荣，需要我们去解决一些根源性问题，比如如何调动大众创新、如何令大众实现自我发展。

20

荆棘之路：中国经济发展道路上的陷阱与障碍[①]

我非常感谢有机会在这次外国专家咨询研讨会上发言。我将会讨论一些中国经济发展道路上的陷阱和障碍。

首先，我发现一些媒体和国际机构的观点令人困惑，他们认为中国的目标是向消费服务型经济转型。当然，当中国经济的参与者向市场供应越来越多的商品，住所、服装、智能手机等，而忽视另一组价值的商品，即金融服务、污染控制、食品安全等时，市场就会陷入一种低效率，人们可以更好地将资本和劳动力重新分配到欠发达部门。当然，中国人民很高兴他们的经济正在发生转变，也希望看到效率的提高。

---

① 本文源于2016年1月12日作者在中国外国专家咨询会上的讲话。

然而，将这种无效率的增长称为经济增长是一种误导：它只会导致实际收入的一次性增长。经济增长是指通过不断创造新产品和新工艺实现长期持续的进步。消除低效率不会带来这种意义上的经济增长。这对经济增长也不是必要的，美国长期以来一直在增长，但效率不高。

我的主要论点是，这种资源转移远不是中国必须做的事情。对一个良好的经济来说，单讲效率是不够的。实际上，一心一意地关注效率可能会给发展造成障碍：将注意力转向被忽视的消费上可能会分散一个国家的注意力，使其无法采取其他必要的政策措施。然而，世界上仍有一种普遍的看法，即效率（得益于运转良好的机构）——如果再加上所需的教育投资——足以造就一个良好的经济体。这种信念在西方有很大的影响力，尤其是欧洲大陆，欧洲人工作时很努力。欧盟竞争机构努力确保市场具有相对竞争性。欧洲大陆经济体的工作效率高，时薪也相对较高，德国和法国的时薪比美国和英国还要高。有间接的证据表明，欧洲大陆的人有很多假期，在美国也是如此，政治讨论的主要是关于低效的问题，比如破败的基础设施，而几乎与增长无关。他们的劳动参与率相对较低，这在工作满意度的数据中也有直接的证据。在西方大国中，根据家庭调查的结果得出的平均工作满意度在欧洲大陆最低——法国（6.76），德国（6.98），西班牙（7.02），意大利（7.26），其他国家最高——瑞典（7.93），加拿大（7.89），美国（7.84）和英国（7.42）。

尽管欧洲在许多方面都有着辉煌的历史，但我们希望，中国不要将欧洲大陆的经济模式作为自己的榜样，尤其是它们对效率的关注。欧洲大陆为此付出的代价是，它未能提供一些鼓励创新的关键政策，然而这阻碍了企业尝试创新，也阻止了具有创新精神的人为了创新而成立企业。

要了解一个国家获得良好的经济的必要条件，我们必须明白什么是良好的经济。在这种经济中，人们希望在从事的项目或职业中获得两种回报。其中一种奖励是成功，或进步，或某种特别令人满意的奖赏。最近我一直在使用"繁荣"这个词（源自拉丁语"繁荣"，意为"如愿"或"如所预期"），可以用来指人类在工作中成功的经验：一个工匠看到自己辛苦获得的技能为他所做的工作带来更好的回报时的满足感，一个商人成为富人时的满足感，或学者在获得荣誉学位时获得认可的感觉。另一种奖励是体验个人成长。我跟其他人一样，用"繁荣"这个词来指一个人在克服障碍时的满足感，在探索未知世界时的兴奋感，在不确定性中获得的魅力，以及"为这个世界而努力"时的兴奋感。繁荣和兴旺更多的是指体验和经历方面的回报，任何金钱都不能带来。

因此，在这种观点下，一个拥有很多企业家的经济体，人们留意那些被忽视的机会，主动去寻找更好的做事方式，主动尝试新事物，充满创新的人们想象新事物，将新概念发展为商业产品和方法，并营销它们，这将是一个良好的经济体。

（其他类型的经济也能带来繁荣和兴旺吗？我没有看到。）

从这个角度来看，李克强总理从2014年开始采取措施，向众多创业企业开放机会，让这些企业的创始人和合伙人有新的创业目标或创新想法，这是非常好的。所有这些活动都可以带来生产率和收入，也能快速促进经济的繁荣和兴旺。

然而，仍有几个问题需要解决。一是除了欣欣向荣之外，还有令人向往的东西。在困难时期，一个国家可能创造不了良好的经济。一些经济学家谈到，中国需要"公开提供的消费品和投资品"，比如本地商品、公共交通系统和城市投资。当然，人们不仅需要良好的经济体验，还需要好的空气质量和足够安全的食物。过高的公共支出水平可能会排挤民营企业的创业和创新活动。此外，在提供城市交通方面，民营企业并不逊于公共部门。地下铁路曾经是民营企业的产物，而不是市政府。即使在今天，优步在城市交通领域的表现也非常突出。而在不久的将来，最彻底的变化似乎是自动驾驶汽车。这两者都是民营企业的产物。如果经济中充斥着没有税收或是没有用户消费的公共产品，会使得财富膨胀，因而缺乏活力和创新。

长期以来，人们一直担心中国企业家是否具备创新者的气质。文化影响至关重要：一项关于文化价值观和创新的统计研究发现，一些价值观与创新呈正相关，而另一些价值观与创新呈负相关。图20-1所示，大约5年前，我在中国的朋友告诉我，他们怀疑中国人是否有独立的思想，能否对新产品、新工艺有想法，是否有自立的精神，以脱离人群，追求不同的愿景。然而，现在有证据表明，大量中国人有能力实现创新。图20-2所示，对中国和七国集团国家自主创新的数据显示，中国在20世纪90年代已经排名第四。在接下来的10年里，英国和加拿大的排名下降，中国排在第二位，与美国相差不远。

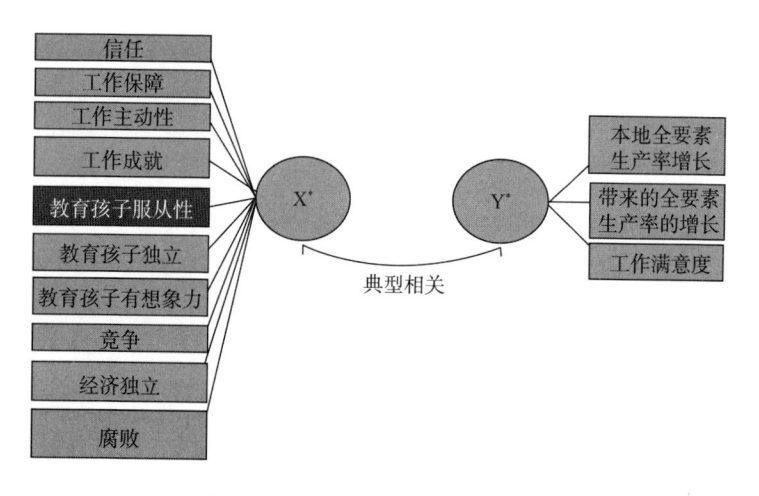

图20-1　价值、制度、创新和繁荣

还有一个问题是，任何经济体是否都能够支持大规模创新。自19世纪以来，美国的草根创新一直不强。现在，在美国，大多数重大创新似乎都局限于硅谷，而硅谷只占美国经济的3%。如果只是很少一部分中国初创企业足够幸运，能够在其所从事的创业活动中取得成功，做到其希望实现的创新，也

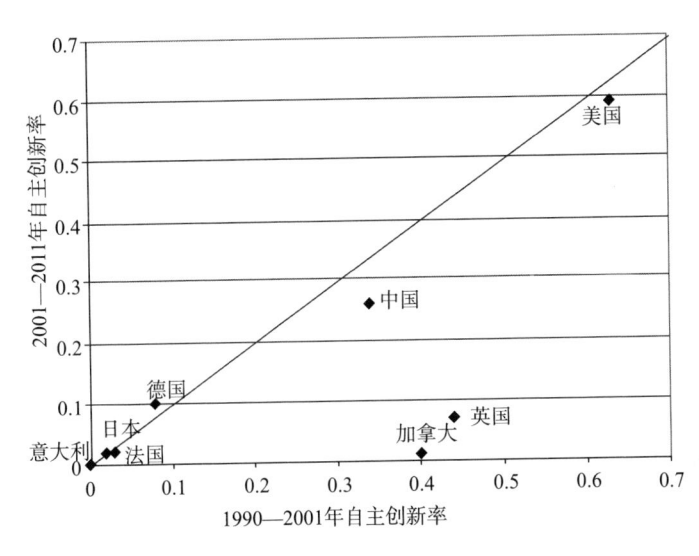

图 20-2　主要国家自主创新率

不会对中国的生产率增长有很大的贡献。当然，这样在某种程度上会有损士气，企业家精神和创新的方式将会倒退。因此，商界人士和政府有理由对创新领域的扩张保持谨慎。中国所处的全球市场是巨大的，不再有来自美国的广泛创新，来自欧洲的创新则更少。中国可以成为世界创新的主要来源。这是个好机会。

最后一个担忧是关于最弱势的工人群体。我们可以预期，初创企业的爆炸式发展将为所有工人创造机会，让他们施展才能，获得他们本来无法掌握的技能。随着中国发展成为一个"创新型国家"，大量中国工人可能就不会按自由市场工资水平就业。可以想象，总的来说，机器人的普及会减少就业。我们希望机器人最终被证明是对所有工人的解放，但在机器人和创新型初创企业发展的早期，对雇用低薪工人的企业提供补贴是有作用的。

21

破局之道：滋养活力，而非刺激需求[①]

1. 为什么中国经济增长放缓，投资活动在减速？

首先，中国经济正在放缓：全要素生产率的增长率已经下降。（全要素生产率是资本生产率和劳动生产率的平均值。）

2. 中国全要素生产率增速为何放缓？

一方面，企业家已经耗尽了获得高投资回报的机会——资本的"收益递减"已经开始。另一方面，中国的管理者和员工受教育程度越来越高，但受教育的回报也在逐年递减。这种放缓是如何发生的呢？自主创新拉动的资本或劳动力的回报已经放缓。与此同时，自1968年以来，国外的创新速度一直相当

---

① 本文源于作者2018年在清华大学"巅峰对话"活动上的发言。

缓慢。

3. 自主创新对一个国家有什么好处？

这要看情况而定。如果国外的创新很长一段时间都很缓慢，那么一个国家唯一能指望的创新就是自主创新。这样一来，利润和税收就会越来越高，通常税前工资也会越来越高。这里的好处是经济增长，即全要素生产率的增长。另一个好处是，创新过程中的参与者通过发挥想象力、参与探索未知产生兴奋以及成功的感觉而获得满足感。我想补充一点，即使创新的项目失败了，尝试它本身仍然是一种享受。这种经历通常是有益的。它不像赌桌，只提供胜利的乐趣和失败的痛苦。

4. 什么是美好的生活？

现在，一些著名的经济学家建议政府减少工作日或每周工作时间，这表明，他们认为休闲是好事，而就业是坏事，尽管在某种程度上就业是必要的（挣钱是为了享受高质量的休闲）。在我看来，如阿马蒂亚·森说的，美好的生活是一种做事的生活，一种创造不同的生活。尼采可能会说，充满挑战的生活，需要全身心地投入自己，在生活中严格要求自己，休闲不能令人得到这种满足。

5. 在中国，参与创新的人（人均）比西方少吗？

在19世纪20年代到20世纪50年代，美国推崇大规模的草根创新，这个时期中国从事创新的人数更少。现在答案就不那么明确了。

6. 到底是什么原因导致中国人对创造的兴趣不如其他国家的人?

在英国和美国,后来是德国和法国,现在的瑞典,对创新的高度参与一直是相当罕见的。中国的创新超出人们的预期,但参与的人并不多。在美国也是如此,自20世纪七八十年代以来,大型科技公司似乎贡献了大量创新。

7. 为什么西方人似乎不像19世纪那样热衷于创造新事物了?

大公司太官僚了;新企业面临更多的进入壁垒,还有巨大的法律成本……除了负担和障碍,尝试创新的欲望可能也已经降温。

8. 中国人比西方人更有创业精神吗?

当我发现中国人比西方人(尤其是欧洲人)更有创业精神,我一点儿也不会感到惊讶。在《大繁荣》一书中,我就提到在1700年左右,一位爱尔兰经济学家到达上海,他那时便对上海的商业导向感到惊讶。

9. 中国人比西方人更节俭有什么理由吗?除了他们没有政府退休计划?

我一直认为,中国人从储蓄中获得的回报率比他们的"时间偏好"回报率要高得多。现在,回报率肯定已经下降了。然而,中国人可能会觉得,相较于他们最新的高工资水平,他们没有那些经济停滞的人拥有那么多的财富,所以他们对增加自己所拥有的财富更感兴趣。

10. 在开放经济中，一个国家应该遵循什么样的储蓄规则？

我的印象是，至少在中国，人们对开放经济中的储蓄规则有些兴趣。1961年9月，我发现积累的黄金法则是把储蓄等同于利润，把消费等同于工资，或者，同样地，把资本回报率降低至资本增长率。但当存在两个开放经济体时，我不清楚规则应该是什么。

11. 如果一个国家从正面公共债务（通常是指政府有意借贷来支持经济增长和发展的债务）开始，就采取一些措施，比如增加政府支出而不进行税收融资，或者全面削减税率而不削减支出，那么它会为此付出代价吗？如果世界其他国家采取这样的措施，一个国家会为此付出代价吗？

我在收入分配方面不是保守派，但在财政方面是保守派。一般来说，一个国家的政府应该把税率定得足够高，以平衡预算，也就是说，要把税收收入定在政府支出的水平上，收费公路和其他赚取收入的活动除外。这样做的好处是，它避免了让家庭认为自己的终生收入加上政府提供的任何服务比实际收入要大。意大利、美国和法国的公共债务很可能会扭曲劳动力供给和储蓄供给。

另一个不良影响是跨国的，欧洲的巨额债务提高了世界范围内的实际利率，因此企业家和创新者可能会被更高的利率吓住。

12. 各国如何从衰退中复苏？意大利、希腊，或许还有其他一些欧洲国家，似乎认为衰退后的复苏需要财政刺激。这有用吗？是财政紧缩阻碍了这些国家的发展吗？

我的答案是否定的。经济合作与发展组织 15 个成员国的财政赤字规模（相对于 2012 年国内生产总值）与经济复苏速度之间不存在正相关关系。怎么会这样呢？需求的增加可能会蔓延到其他大陆（蒙代尔）。或者它可能排挤投资（托宾）。

货币刺激似乎也好不到哪里去。真正起作用的是活力。以过去的增长来衡量，越是富有活力的国家，恢复得越快。

22

机遇之门：
数字经济时代迎面而来[1]

讨论创新的作用很重要，因为创新不仅关系健康的经济，还关系健康的社会。在继续下文之前，先解释以下定义：

在任何社会中，大多数人天生就有创造的欲望：想象或构思新事物——尼安德特人很喜欢在洞穴的墙上画画，在德国南部的洞穴中发现史前智人发明了一种可以使用的笛子。[1] 这就是艺术和发明，这是典型的个人行为。

社会中似乎有一小部分人渴望构思新事物，希望这些新事物将被实现或建造，供他人使用。作曲家创作新的曲子，艺术总监通过舞台制作实现它，乐团成员把作品带到公众面前。如

---

[1] 本文源于2018年3月22日—23日作者在清华大学举行的研讨会上的发言。

果成功了，这就是一种创新。这是典型的群体行为。

创新的"角色"是什么？19世纪20年代到20世纪70年代是美国创新的伟大时代，创新几乎延伸到社会的每一个角落。亚伯拉罕·林肯在1858年曾说过："美国的年轻人对新事物有着极大的热情——一种完美的狂热。"正如我在《大繁荣》一书中所说，这种创新是一种引人入胜的、有时令人兴奋的体验。人们将创新融入他们的工作中，有一种采取行动和实现目标的感觉。现在，统计分析表明，一个国家的低创新率是低生活满意度的可靠预测指标。

从这个角度来看，让我们审视一下过去一两年中国、美国和法国在经济上以及组织和政治格局方面的重大转变。

在美国，大约自1970年以来，生产率增长的长期放缓——更准确地说，是全要素生产率的增长放缓——导致总劳动补偿和国民收入的近乎停滞，同时也出现相当大的结构性变化。家庭调查显示，越来越多的经济活动参与者似乎对生活满意度有所下降。

这种变化最终会带来政治格局的转变。许多工人对此不满，通过投票反对主导经济放缓的政党，以表达他们的失望。此外，民主党一直在迎合几个特殊利益集团——所谓的"身份政治"，在某种程度上，民主党从特殊利益集团获得的选票，会被那些不满的选票抵消。

特朗普总统的政治立场与传统的民主党、共和党的立场是对立的。特朗普寻求的是一种每个处于工作年龄的人都能为国内经济体生产总值贡献力量的经济——很少或根本不考虑工资率或其他分配问题，尽管他表达了对构成其他政治基础的白人工人阶级的喜爱。

实际上，特朗普就像 20 世纪 20 年代的墨索里尼一样，他在实践一种被称为社团主义的意识形态。对经济增长和个人满足来说，这是一种普遍毫无结果的教条。社团主义者无视人们寻求探索和发现灵感的需求，让人们普遍信奉的活力主义造成了更大的冲击。认为公司和工会的角色是为国家服务，而不是为自己服务的观点，可能会进一步削弱这个国家的个人主义。

在法国，总统马克龙也不再专注于分配问题。他希望法国恢复快速增长和威望。为此，他试图通过削减对雇员的社会保护为法国的工业创造出更多的竞争，这种保护被认为是阻碍新公司进入工业领域的因素。

当然，两位领导人意见不同。马克龙的工具是体制改革，而特朗普的工具是财政和预算改革。

在中国，习近平主席领导下的政府已经提出多项倡议。"一带一路"倡议表明，中国从根本上仍将是一个贸易国。

中国政府采取了一些旨在促进创业的举措：大幅减少成立新公司的程序，新建大量学校，让中国孩子能更多地了解他们将面对的世界，以及为具有专业知识的外国人进入中国提供便利。

同样重要的是，中国已经认识到在经济中允许竞争的重要性。一些新成立的公司得以自由进入新的行业，从而迫使效率低下的公司收缩或离开该行业。竞争是无价之宝，政府在开放竞争的过程中展示了自己的智慧。

有明显证据表明，中国正在走上创业和创新的道路。政府重申了其保护新专利的决心。众所周知，中国每周新注册的公司数量可观。然而，尽管新成立的民营企业是真实存在的，但张晓波、戴若尘等人进行的一项调查发现，很多新注册的企业定位不太明确。同样的问题也出现在对研发、支出、专利和新产品的衡量上。不过，我们可以预计，在未来10年将会看到大量创业企业点缀中国市场，问题是这些新公司中有多少是真正的创业企业——不仅仅是小商店，在这些企业中，有多少会有新想法和发展热情到市场上尝试。

数字经济的进一步发展将如何影响西方和其他国家？

在西方，许多技术专家担心人工智能在他们经济体中的发展将导致大规模裁员和长期失业，直到工资最终降至较低水平。他们不仅担心本国人工智能的发展，还担心海外进口市场开发的人工智能机器人。技术专家并不是受过良好训练的经济学家，因此，我们是时候考虑一些市场机制将在决定工资率和就业路径的影响方面发挥的作用了。

当然，机器人的采用，无论是否支持人工智能，都使得以较少的劳动力生产出稳定水平的产出成为可能。是的，当人工智能机器人取代劳动力被引入一些行业时，会直接导致裁员和降低工资。但在我看来，这只是故事的开始。之后会发生什么呢？

它的后续效应会传导到其他行业。在一个理想化的模型中，被解雇的工人会在其他地方寻找工作，从而在整个经济中同样压低工资水平。这种工资的普遍下降启动了一种调整机制。当工资水平下降时，投资回报率会上升，投资也会相应增加。由此产生的资本存量的增加将对其他行业的工资率和就业产生向上的拉动作用。

另一种调整机制：即使由于这样或那样的原因，被解雇的工人没有转移到其他行业，采用节省成本的机器人的行业的工资削减最终将促使那个行业的生产商降低价格，如果这些企业不这样做，新的公司就会进入这些行业，从而压低那里的价格。相对价格的下降意味着其他行业相对价格的上升。尽管工资水平没有下降，但这些较高的价格将成为拉动这些行业产出和就业的一股力量。

另外一点：即使这些机制最终能如预期的那样发挥作用，我们还是非常希望有更多的传统创新——那些能让工人们更有生产力的创新，尤其是在消费行业。美国、英国和法国的煤矿开采地区的劳动力参与率仍然低迷。有几个原因，首先，这些工人流动性差，他们把自己的积蓄投资在房子上，依靠当地政府提供医疗，而医疗保障无法迅速转移到其他省份或州。另一个原因是,从事体力劳动的男性通常缺乏培训和教育,而这些培训和教育可以让他们在许多其他行业就业。

我将以另一件事作为结束:特别是在西方国家,人们过于关注稳定和短期。我相信,如果他们接受颠覆性创新,并为创新(以及探索)事业提供道义支持,那么他们可以期待未来几十年的指数级增长。他们必须明白,冒险进入未知的世界,偶尔获得的成功经验是美好生活的全部。

23

突破之光：中国创新照亮全球经济前行之路[1]

我们可能认为我们已经听够了创新，但这是我们所有人都需要更好地理解的基本主题。在中国改革开放40周年的背景下，这是一个值得关注的主题，创新已经帮助中国取得了重大成就：许多商业部门实现了私有化，并乐于采用新的生产方式和新产品进行生产。随着改革的继续，中国的经济发展也在加速。

长期以来，人们一直认为，持续的增长与发展需要持续的创新。

没有这一点，资本投资将陷入收益递减的局面，增长和发

---

[1] 本文发表于2019年1月8日《中国日报》。

展都将减缓和消失。但是在经济学家眼中这个名词到底是什么意思?

创新不是发现或发明。该术语是指开发人员在生产中采用的新产品或方法,或者是将其销售给其他人并用于生产或消费的新产品或方法。

创新需要的"创新者",是受雇于商业企业的普通人,他们在工作过程中要寻求更好的方法来生产新产品或制造更好的产品,还需要那些构思和评估新企业的非凡人才,以产生新的与之前有所区别的产品。

在当今时代,我们谈论的是一个国家固有的创新,以及从其他国家进口或"复制"的创新,尽管越来越多的创新是国际化或全球性的,涉及两个或两个以上的创新者或国家。

改革开放后,中国的创新主要依靠进口,近十年来,自主创新变得很重要。中国可以用可接受的成本引进国外的创新产品,也应该把重点转向自主创新。

近年来,从"中国制造"转移到"中国创造"至关重要。毫无疑问,阿里巴巴、百度和腾讯是目前中国技术创新的杰出代表。需要这种技术进步来提高生产率,从而也提高工资水平。

没有人可以预见这些企业对全球经济的贡献,但是我相信它们将为全球经济做出重大贡献。

为了继续这一进步和变革,中国政府将需要持续认识到自主创新和企业家精神的重要性,这反过来也会需要有想象力和创造力的人。

习近平主席2018年在博鳌论坛上的讲话中谈到中国进入开放的新时代。在他的领导下，采取了旨在促进商业领域的企业家精神和创新的举措。李克强总理率先发起号召，鼓励大规模创建新公司，刘鹤副总理制定了一项政策极力解救濒临倒闭的企业。

成立新公司的过程缩短，企业数量也有所增加。"一带一路"倡议也使中国向欧亚大陆开放。我还要指出，外国专家对中国经济的参与度大幅增加。

所有这些都很好，但是中国要继续进行经济发展还需要更多的改革。例如，有必要设立一个面向民营企业进行商业投资的金融部门。

在其他一些领域，中国和部分西部地区可以继续进行改革，例如提出提高包容性的方法。这里的女性没有充分的发展空间。她们有男人没有的直觉，对国家和世界的看法也不同。女性可以带着自己的才智和实用主义加入创新者的行列，将这些优势融入经济中会增加新的想法，带来生产率提高。

除了进一步的改革外，有思想的人还对全球范围内的经济合作有疑问和忧虑。尽管中国加入世界贸易组织是一个重要的节点，但涉及关税的讨论还有很多。

最近的贸易争端涉及高关税，美国公司在试图进入中国市场时也面临其他的障碍。中国可以说，欧盟也有很高的关税，但是非关税壁垒障碍没有那样令人生畏。此外，美国总统特朗普认为中国的贸易顺差令美国利益受损，并且认为中美在贸易中保持平衡是错误的。只有极端的凯恩斯主义者宣扬这一点。

根本问题在于，国民经济的某些部分受到的损害要大于自由贸易所带来的损害。因此，所有国家都在实行保护主义。中国的贸易保护主义损害美国的利益，就像美国的贸易保护主义损害中国的利益一样。在美国，受到伤害的是低技能劳动力。

如果美中贸易争端继续存在，我认为不会对美国、欧元区和中国的国内生产总值产生重大影响。美国和欧盟的出口，在某种程度上主要是食品、葡萄酒等。即使供应商受到高关税的打击，这些商品仍将继续生产，但是价格会居高不下。

另一个问题是，在经济中实现的创新很可能会引导经济朝着社会所不希望的方向发展。习近平主席提出"高质量发展"，其他人则谈到解决不平等问题。还有一些人谈论生活质量。我曾在中国主张更多地关注工作经验。

人们在工作中非常渴望获得成功的经验。人们对"对世界有所作为"的感觉感到满意，而幸运的话，还能"留下印记"。

我的立场是，要过上美好的生活，人们在工作中需要一定程度的能动性。他们希望能够积极主动地做自己感兴趣的工作，通过自己的努力获得成果。

什么样的经济（更确切地说，什么样的社会）提供了这种服务？历史表明，有创业精神的人会警惕未被察觉的机会，并发挥他们尝试新事物的主动性，他们想象新事物并将新概念开发成商业产品和方法，并将其营销给潜在用户。

这是我希望中国出现的情况。这也将对世界其他地区有所帮助。事实是，来自美国的创新要比过去少得多，几乎没有来自欧洲的创新。因此，中国可以成为全球经济创新的主要来源。对中国成为创新领导者来说，这是一个宝贵的机会。

24

未解之谜：人工智能的福利经济学和伦理学思考[①]

早上好，我特别高兴能够再次回到中国，特别感谢大家能够来参加这个论坛。我很高兴能从经济学和伦理学的角度去探讨一下人工智能这个议题。

当我刚开始思考人工智能这个议题的时候，我并不是从伦理学的角度，而是更多从经济学的角度——生产力、收入分配以及失业就业角度——来进行思考的。如果机器人能像人类劳动一样生产一个或多个产品，那么其经济效应是什么？在19世纪，当刚刚有机器人被引入经济体来"取代"工人的时候，

[①] 本文源于2019年8月26日作者在北京举行的"人工智能脑科学与东方文化"论坛上的演讲。该论坛由国务院发展研究中心国际技术经济研究所、新瑞学院及《环球财经》杂志社联合主办，并在新瑞学院北京校区召开。

这个问题成为很多人最早的关注点，他们认为机器人如果足够多，是可以替代工人的。

我建立了一个简单的模型，在一个国家的经济体里面，我们假设机器人所从事的劳动跟人类所从事的劳动是完全一样的。在这样的模型里，我们可以看到劳动力的总量，它实际包括了人类和机器人的总量，人类工人的数量 H，加上机器人的数量 R_A，因此劳动力总量是 $H+R_A$。

为了用最简单的方法来完成这个模型，我们可以假定一个单部门经济，其中总产出是由资本和总劳动产生的。这些产出提供了国家的消费，剩余的部分则用于投资，从而增加了资本存量。

当这些额外的机器人出现，从而增加总劳动量时，这对经济的初始影响是什么？初级经济学的应用表明，相对于不变的资本存量，总劳动力的增加——因此资本-劳动比率下降——导致工资率（劳动报酬）下降，而利润率（资本回报）上升。

在继续分析之前，我想提出三种意见。第一种意见是，如果增加劳动力的机器人是通过去除一些资本存量并将其改造成机器人而产生的，那么这些结果只会被放大。在这种情况下，总劳动量的增长和以前一样，但资本存量减少，因此工资率的下降和利润率的上升都更大。

第二种意见是，如果我们采用奥地利学派的两部门框架，即劳动力生产资本商品，而资本商品生产消费品，那么一切都不会改变。机器人的出现会降低资本与总劳动力的比率，就像在单部门模型中一样。

第三种意见是，这种类型的机器人纯粹是在人类劳动力基础之上做加法，也就是劳动力增加型的机器人，它与国家劳动力当中新移民的加入有异曲同工之妙。同时，它们对于当地的工人产生了非常类似的影响，它们会带来资本-劳动比率的下降，从而导致工资率下降、利润率上升。

在机器人模型中非常重要的一点是，当利润率上升的时候，整个经济体也会做出反应：它会加大投资力度，在加大投资力度之下由于有投资回报递减的定律，所以投资增加会带来利润率的下降，直到利润率回落到之前的正常水平，这个时候资本-劳动力比率又回到机器人出现之前的水平。此外，随着利润率回到之前的水平，工资率又会上升到之前的水平，所以一切又恢复了正常。这个观点是非常重要的，因为普通公众经常会认为经济的机器人化会造成工作岗位的永久消失，会造成工人阶级的贫困化。如果这里的分析基本正确，那么这些担忧其实是有点儿被夸大了。

上文我所描述的这两种模型实际上是技术进步所带来的结果。我觉得我们完全可以相信全球经济体还会持续产生这种可持续的增长，无论是劳动力生产率还是工人人均劳动报酬都能够在这个增长之下不断地上升。

随着全球经济的持续增长，机器人化到底会带来什么？从一个角度来讲，我们知道，机器人带来的是人们工资的下降，但因为经济体总体呈现不断增长的态势和轨迹，所以虽然人们的工资会下降，但实际总体的工资还是会增长的，只不过它会低于没有机器人时工资的增长轨迹。但是我们知道，工资水平因为受到机器人影响会有一些震荡。它在恢复到正常水平之前会带来一定的社会和政治问题，因此值得尝试的一种做法是对机器人劳动收入也进行征税，就像各国对人类劳动收入征收所得税一样。

从另一个角度来讲，如果认为机器人化的过程是永久的、长期的、持续不停的一个过程，我觉得这样一个假设也是不太现实的，因为如果说机器人的总劳动量以不消失的速度增长，它的增长率永远是上升的，那么它有一天就会遇到空间、环境以及其他公共物品的限制。我们知道，现在人口不可能无限制地增长，同样机器人的数量也不可能无限制地增长。

在这一点上，重要的是我们要认识到，人工智能不仅给我们带来了增加型机器人，还带来了增倍型机器人——这些机器人的价值在于它能够使工人的生产力成倍提高。

这种增倍型机器人的例子不胜枚举，其中一些机器人可以让工人更加高效快速地完成他们的工作，还有一些机器人可以使工人能够做到之前他们自己做不到的事情，比如搬运重物。据报道，人工智能对医生进行外科手术有显著的帮助作用。这种增倍型机器人的优点是，它们的到来并不会导致总体就业率的长期衰退,也不会带来工资率的长期下降。

然而,很多增倍型和增加型机器人也都存在一个缺点。一个特别常见的现象是,许多人工智能带来的很多应用并不是完全安全的。一个比较耳熟能详的例子就是自动驾驶汽车,自动驾驶汽车可能会撞上行人或其他车辆。但对于这样一种批评也有人提出反对意见,因为人类自己开车也会犯类似的错误。

很显然,我认为一个社会在经济体中使用可能会偶尔犯错误的机器人——就像我们容忍飞机驾驶员犯错——原则上是没有错的,前提是人们可以接受预估风险的大小。

从经济效率的角度来讲,我觉得在很多情况下,人们可以对机器人的拥有者提起诉讼,比如出现问题或者事故之后可以获得相应的赔偿。因此,医院里面可以有机器人,虽然这些机器人有可能会侵犯病人隐私,但我们仍然接受这些机器人是可以使用的,因为我们的确要在这个情况中评判成本和效率。

当然我们知道,机器人存在一些不确定性,相比一些风险已知的应用来说,社会肯定会觉得存在不确定性的东西会让人感到更加不舒服。因为风险是可以测量的,如果说只是有些风险,这是一回事,但如果存在不可测量的不确定性,这是另外一回事。

我们不仅可以从福利经济学角度,也可以从伦理学角度来分析人工智能设备的影响问题:某些设备如果投入使用会对用户带来的影响。我曾称之为"不完全信息",也有人称之为

"不对称信息"。2019年8月,欧盟宣布了禁止使用侵犯无辜旁观者的隐私的人工智能。欧盟将禁止使用人工智能来侦查犯罪,因为人工智能可能会拍到没有犯罪的人的照片。

最近,人工智能的进步使得一些新的设备得以开发,这些设备有可能给这些设备使用者带来严重的不可挽回的伤害。我知道有一个芯片,它被植入人的大脑后,这些人的大脑会出现不可逆转的萎缩。

这是一种反常现象。一个社会通常认为其公民有权在城市和高速公路上驾驶汽车。因此,社会为通过驾驶考试的公民颁发驾驶执照——尽管有些人会给自己和他人造成事故。与此相反,社会并不认为机器人的所有者有权将其出售或出租给他人。

所以这里就产生了一个问题,到底要不要制定相应的法律和程序来保护人们免受此类伤害,界定出什么样的程度是合理范围之内的。因此,现行制度的批评者呼吁硅谷一些领先的公司都成立道德委员会,来监督和干预这样的事情。

所有这些都让我们想起对自由市场资本主义创新的严厉批评。在1887年,斐迪南·滕尼斯写了一本书《共同体与社会》,这本书在20世纪20年代广为流传,在德国有非常大的影响力。他的一些批评和观点可以说推动了社团主义的兴起。社团主义就是指社会里面的每个人要承担相应的责任,比如对他的雇员、消费者、整个社会等都要承担相应的责任,所以这种社团主义是意大利和德国在第一次和第二次世界大战时期持续发展起来的，从而导致了这些国家市场经济的终结。因为当时在社团主义思潮的影响下，政府更多关注怎么保护工人、农民，而不是思考怎么去创新，怎么引入新的市场方法和生产力方法等。

我曾看到有一篇文章讲到社团主义，公司要有社会责任，等等，所以我们可以看到新的一轮思潮好像又兴起了。它由新技术带来的不确定性所引发。我认为，如何解决人工智能的出现带来的这些问题，将对未来起到至关重要的作用，也会带来非常严重的后果。但是，这些问题目前还没有大范围地出现，即使出现了，也肯定不是西方国家几十年来普遍存在的沉闷和反常现象的主要原因。

25

海尔集团的创新体制与草根创新理论[①]

海尔集团董事局名誉主席兼首席执行官张瑞敏设计了一套全新的创新体制,并在过去几年中在海尔集团付诸实践。这一体制的早期经验表明,在可预见的将来,它将继续得到应用。

该体制的新颖之处在于,张瑞敏董事长和海尔集团其他人所说的"用人模式",即"人单合一"模式。这种模式带来的好处在于,它可以激励员工利用自身的能力来构思和发展新的想法,供他们所在的公司,当然也可能是海尔集团的其他公司使用。海尔集团在2021年7月26日发给我的一份冗长的备忘录中写道:"海尔集团的人单合一模式致力于创造一个推动员

---

① 2021年9月17日,本文的早期版本发表在海尔集团于中国青岛举办的第五届人单合一模式引领国际论坛上。

工创新的环境。根据海尔集团的经验,这种模式非常有效。它促使员工围绕用户需求进行创新,以确保海尔集团持续保持昂扬的增长势头。在这个模式下,任何员工都可以通过竞争加入一个有竞争性提案的项目。员工不再是被动地执行命令,而是变成了积极的企业家和有决策权的合作伙伴……每个人都可以成为自己的首席执行官……"

在我看来,向前迈进的重要一步是,当公司需要的时候,利用一个或多个员工的创造力和内部信息来解决公司面临的问题,而不是雇用一个或多个外部人员。与聘请外部专家相比,这种政策通常对公司更有利。利用员工来解决问题可能会带来进一步的好处,它可以提升公司大部分员工的士气;而相比之下,雇用外部人员没有这种好处,它可能会打击员工的士气。

大众对海尔集团的普遍印象是,海尔集团的业绩相较对手在前几年已经处于较高水平,在过去几年又达到了新的高度。海尔集团的年报显示,在2017—2020年公司利润实现了持续增长(这种增长已经不是第一次出现)。

如果一个国家有大量的公司通过这种"驱动"来实现创新,那么生产率的增长就会明显加速,从而让整个国家受益。如果公司对员工的新政策在大部分经济领域得到推广,这就可能会显著推动国家的经济增长。

我很高兴地看到,海尔集团新管理模式的基本原理与我在《大繁荣》一书中提出的创新浪潮兴起背后的理论有一个相通之处。我们都认识到，无论是在一家公司还是在一个国家，要获得很大比例的自主创新，都需要其充分利用相关人员的创造力。张瑞敏董事长意识到了这一共同因素。在我们的一次电话交谈中，他说，在开发"人单合一"模式的过程中，他把《大繁荣》这本书读了三遍。

这两种理论都偏离了新古典主义的创新理论。首先，新古典主义理论由阿瑟·斯皮索夫提出并由熊彼特扩展研究。他们没有认识到人们有一种天生的欲望和创造能力——想象和构思产品或方法。这种欲望和能力可以追溯到史前智人，他们构思并设法制造了一支可用的长笛（它是在德国南部的一个洞穴中被发现的），而在他们之前的尼安德特人显然很喜欢在他们居住的洞穴的墙壁上画人物。因此，可以说创造力甚至在史前时代就已经表现出来了。

其次，19世纪出现大规模创新时社会取得的许多进步都来自普通人的想法。人们在农场、渔场、工厂、办公室和其他地方的工作帮助他们开发了新的、更好的方法，并且在某些情况下，还能开发出新的产品。弗洛伦斯·南丁格尔的医院组织，托马斯·爱迪生的白炽灯泡，威尔伯·莱特和奥维尔·莱特的飞机都是这方面的例子。

然而，"人单合一"模式所依据的理论与《大繁荣》中的理论并不完全相同。前一种模式要求公司的一名或多名员工自愿满足管理层认定的现有需求。相比之下，《大繁荣》一书中勾勒的模型描绘了一种设想：在典型的公司中，任何员工（包括经理）都可能想出一种新工艺或新产品，可能会被证明能解决未满足的需求或创造新的需求。《大繁荣》中的理论并没有说招聘或邀请员工加入的目的是试图解决管理者提出的问题。

这两个模式之间还有另一个相通之处。在海尔集团和《大繁荣》所描述的公司中，创新往往会带来非物质的回报，这种回报对很多人来说都非常重要。想象和创造可以赋予工作超越薪资的意义，也可以帮助自己所在的公司和自己所居住的城市达到这种效果。任何从事这类工作的人都能享受到这种丰厚的回报，这带来一种非凡的迎接挑战、自我表达和个人成长的感觉。对许多人来说，这些非物质的回报和工作中的物质回报同等重要——甚至可能对某些人来说，非物质的回报反而更重要。在《活力——创新源自什么又如何推动经济增长和国家繁荣》(《大繁荣》的续作) 一书中，我和我的研究团队提供了统计和计量经济学证据，证明在一个国家里，相对较高的创新率是相对较高的"生活满意度"和"工作满意度"的可靠预测指标。

我想说的是，虽然工作对许多国家的文化来说并不重要，但在美国工作曾经是——也许在某种程度上现在依然是——有意义的生活的核心。有几部好莱坞电影体现了这种观点，比如《一个明星的诞生》(1937年版和1954年版)。《活力》指出，"'在一生中有所成就'的希望可以最好地诠释很多人心中的'美国梦'"。

相比之下，由约瑟夫·熊彼特发展并由罗伯特·索洛推广的新古典主义理论认为，创新仅仅是世界各地科学家和探索者发现的商业应用；这种观点完全忽视了本土创新，这些创新来自国家经济内部不断涌现的新思想，并在西方许多地方推动了长达几十年的创新。新古典主义理论忽略了对从事创新的人的非物质奖励，同时还忽略了参与公司创新的员工。

如果中国经济中的大部分公司——至少是私营企业——开始指望员工来解决它们的问题的话，这将提高中国大部分劳动力的士气。正如我的朋友、芬兰哲学家埃萨·萨里宁所说的那样，这会令人感到振奋。经济领域中，所有或大多数公司的创新都会因此增加。

我认为，海尔集团在企业管理上的这种进步与美国企业管理的进步是不同的。根据我的理念，公司的员工（当然，还有公司的负责人）可能偶尔会想出一种更好的生产方法或更好的产品。在西方国家出现的是每月或每年不断涌现的新想法，这些新想法来自员工、公司领导，甚至来自少数刚刚踏足经济领域的人。相比之下，我的理解是，海尔集团偶尔需要来自公司内部而非外部专家的新想法。

张瑞敏董事长和他的同事的这种管理发展是在创新供给曲线上向右移动，这拉动公司实现创新。我在《大繁荣》一书中描述的美国的发展是创新供给曲线的右移：这些新想法并不一定——或许普遍而言也并不是——在回应解决问题的需要。当然，每一项发展都有望提高创新的速度。

很明显，正如我在读过的备忘录中所评论的那样，"人单合一"模式是构想出来的，其一直致力于"解决大型组织的管理困境，破解互联网时代的管理难题，开发物联网时代特有的管理模式"。

然而，似乎很明显，这种管理技术可以推广到其他一些行业，并有望取得成功。我想，海尔集团的一些高层领导者已经在考虑将"人单合一"模式推广到海尔集团所在的其他行业或经营体系了。

还有一点，海尔集团的"人单合一"模式推动员工"围绕用户需求进行创新"。我想补充的是，在经济中，一个国家还需要有想象力和有才能的人来创造以前从未存在过的、以前从未想象过的需求。在人类历史上，这是创新的重要组成部分。

我将以一个历史性话题来结束发言。正如海尔集团所做的那样，中国经济正在以一种类似"人单合一"模式的体系运行，在这种体系中，企业领导者发现需要新的解决方案或创新的问题。相比之下，从19世纪60年代末到20世纪60年代末，美国经济的运行体系是这样的：从基层到特权阶层的经济参与者都在构思新工艺或新产品。我在论文中提出，使这种创新成为可能的是人们的价值观——他们对自己的渴望（被称为个人主义），他们对探索和自我测试的不安（被称为活力主义），以及他们对自我表达的渴望，如探索和创造新事物等。不幸的是，在过去的几十年里，这些从文艺复兴和启蒙运动中传承下来的价值观在美国大部分地区似乎都在走下坡路。

26

创新、活力与中国经济发展[①]

在过去的 20 年里,我大部分的研究工作都是围绕创新(尤其是西方的创新)以及人民的经济活力展开的。创新从何而来?什么是经济活力?我想先谈谈创新和活力,然后再谈谈创新和活力与中国及中国经济的关系。

创新从何而来

"创新"是将一种新产品或新工艺引入市场并加以采用。创新的思想从何而来?德国历史学派阿瑟·斯皮索夫、瑞典人古斯塔夫·卡塞尔和奥地利人约瑟夫·熊彼特认为,创新源于

---

① 本文源于 2023 年 4 月 22 日作者在北京第五届 Sage 年会上的演讲。

科学家和探索者的发现，因此上述发现乃是经济的外生因素。熊彼特补充说，为了对这些发现进行商业应用，企业家需要筹集所需资金、招聘人员、开发和销售新产品。

后来，理查德·纳尔逊和西德尼·温特（从20世纪60年代到20世纪80年代），以及后来的菲利普·阿吉翁和彼得·豪伊特（从20世纪90年代到2009年）认识到，具有科学背景的人员不仅在科学基金会、大学实验室和自家车库里能够有所发现，在企业工作时同样可以做到。这些经济学家似乎从来没有意识到，探索者可能并不是创新的主要来源。

一个新命题：自主创新与活力

我对创新的研究始于我的《大繁荣》一书。书中指出，19世纪80年代，在一些国家，大量的新产品和新工艺开始涌现。它们主要来自经济商业领域中的大量人士（其中许多是普通人）突然想到的新想法，而并非像熊彼特等著名经济学家所认为的那样，是科学家和探索者发现的成果。我把这称为自主创新。实际上，在每一个行业中，都有工人、经理或其他雇员在构思新想法，以催生更好的生产方式或生产更好的产品。我很清楚地知道，在这些经济体中孕育的自主创新很快就使科学家发现的创新相形见绌了。在中国，商界领袖中德高望重的张瑞敏意识到了让员工来解决问题的价值。

但为什么这种现象只在一些国家出现，在其他国家却没有出现？我的解释是活力。经济活力是指在一个国家的经济中，劳动的人们在商业可行的方向上表现出创造力或想象力的程度。换句话说，就是这个国家的创新能力和创新欲望。活力往往以多种方式表现出来：经济活力的增强能够导致生产率快速提高。随着时间的推移，它会将经济增长推向更高的水平和更快的速度。这种活力能够带来一系列独特的经济活动：从事融资、开发和销售新商业产品并投放市场的部门，一群管理人员决定将哪些新的商业创意开发成适销对路的产品，以及如何以最好的方式生产这些产品。这增加了人类努力的途径，在提高生产率的同时，也提高了工资和劳动力水平。相关证据表明，更高的活力水平也会让员工具有更高的工作满意度和敬业度。

什么能让一个国家的经济比另一个国家的经济更有活力？传统观点认为，任何维持"自由市场"的国家都有自主创新的活力，这种观点是错误的。"正确的东西"是必需的。

一个国家的创新能力取决于它的态度。创新者往往是那些站在主流观念之外、"跳出思维框架"去进行思考的人。一个国家必须有经验丰富的金融家，让他们有信心能够很好地判断摆到他们面前的创新项目。有抱负的创新者必须觉得自己有足够的洞察力来保证一件事情的开始。在《活力》一书中，我和我的合著者莱彻·博吉洛夫、云天德和吉尔维·索伊加发现，相关的统计学证据表明，社会的价值观对经济表现很重要：积极主动、接受竞争、渴望在工作中取得成就等价值观能够对经济表现做出积极而有力的贡献。

高活力的核心是创新的愿望——就算前方有障碍也要进行创新，或者在某种程度上正是因为前方有障碍所以更要进行创新。一些创新者有一种对世界有所作为的深刻需求，其他人则想向社会证明，他们可以走自己的路。还有一些人是为了向自己证明他们可以取得成功。

当然，高活力以及由此带来的广泛创新还需要一种能够接受创新的社会和政治环境，尽管创新很容易造成破坏。

中国的创新

原则上，中国可以成为新产品和新工艺的重要创造者，但其中存在困难。首先，其中可能存在一些障碍，比如企业难以从银行系统获得融资。其次，中国公司的等级制度可能过于森严，许多员工的想法无法得到倾听。企业的所有者在支持新工艺或新产品的开发方面也面临着不确定性，因为毕竟有些努力可能会以失败告终。再次，人们可能会怀疑政府是否会批准企业进入未知领域。政府可能不喜欢这种不确定性。最后，还有对中国人口老龄化的担忧。一些人可能会认为人口老龄化会对中国的创新和增长能力产生负面影响。我不确定情况是否一定如此。退休和老龄化属于结构问题。

在美国，退休年龄是 65 岁，许多老年人在 65 岁后仍然继续工作，同时领取养老金。根据人口调查，65 岁以上的美国人中，有20%的人仍在工作，40年前这个比例还只是10%左右。在瑞典，退休年龄从62岁延长到了63岁。我的一位瑞典朋友告诉我，公众对此反应积极。但法国最近将退休年龄从62岁提高到64岁的时候，引来了人们的抗议。与其他国家相比，中国的退休年龄相对较低——男性为60岁，女性为55岁。但《中国日报》最近的一篇文章报道称，大约1/3（约5 000万人）的年龄为60—69岁的中国人仍在工作。

所以，有很多人在"正式"退休后仍然继续工作或想继续工作。他们中的一些人可能会产生创新，这并不是什么不可能的事情。

中国正在进行着许多高科技创新，继续在这方面进行努力对中国而言乃是明智之举。随着时间的推移，我们将会看到中国在这方面能够取得何种进展。

后　记

当何志毅教授提出由我来为此书写后记时,我在荣幸之余更有一份"何德何能"的压力。可是何老师懂我,他鼓励我大胆去做,把整个过程的所见所闻、所思所想尽情坦露,终于这让我下定了决心写下这篇文章。多年来,何老师总能在关键时刻提点我,以他数十年不变的教育情怀感召后生不断追求更高的目标。于百感交集之中,我谨以此文记录我对这本书、这些人及这些事的万千思绪。

初读《大繁荣》

在李克强总理提出"大众创业、万众创新"概念后,国内也掀起"草根创新"的新浪潮。作为一名企业管理者,我所任职的企业也在积极尝试转型升级,比如推动农民工转型技术工人、制造业转型科技服务业等。2016年,当李克强总理到我们企业考察时,我作为企业代表介绍了公司在推动员工创新方面的探索和尝试。

当我更加深入地去了解"草根创新"的相关理论时,我偶然间在朋友的推荐下阅读了费尔普斯教授的《大繁荣》,这样一本兼具现实意义和思想深度的作品,极大地提升了我对现代经济和大众创新的认知。费尔普斯教授在不同场合发表的关于中国与创新的观点更是让我耳目一新。"中国的繁荣需要本土创新和草根创新","国家的繁荣源自民众对创新过程的普遍参与,是深入草根阶层的自主创新","每个人都是创新者",这些观点都让我极为震撼。我震撼于费尔普斯教授对于中国的关注与热忱,也震撼于其对"大众创业、万众创新"的深刻认知和不懈研究。

此时的我非常期待将费尔普斯教授的理论和我所从事的工作相结合,但我深感对其理论和著作的理解不够透彻,因此萌生了到教授身边进行一段时间的系统学习的想法。我的想法得到了何老师的肯定和支持。正是在他的运筹之下,我与费尔普斯教授有了第一次会面。那是在2019年8月新瑞学院的第一次教授会议上,我有幸作为兼职教授参与其中。费尔普斯教授在会上的发言虽然简短,却不吝对何老师的盛赞——"他是我一生中认识的最精力充沛、最优秀、最'高端大气上档次'的人"。于我而言,能够同时认识这两位惺惺相惜的长者,也是我莫大的荣幸。

也是在那样的机缘巧合之下,并凭借何老师的"助攻",

费尔普斯教授进一步了解了我们关于他的创新理论在中国应用编撰成册的想法,也同意了我前去访学的诉求,这对我来说算是迈出了突破性的坚实一步。

经济增长黄金律

经过这一番"柳暗花明",我的访学目标已牢牢树立,努力的方向也更加明确。为了提前走近费尔普斯教授的研究生涯,我最先将研读"经济增长黄金律"作为自己的第一个小目标。

业界人士将费尔普斯教授誉为"现代宏观经济学的缔造者"和"影响经济学进程最重要的人物"之一,因为他在经济理论上的贡献多样且卓越,很多他在20世纪六七十年代的研究成果迄今仍经常被引用。先前的诺贝尔经济学奖获得者罗伯特·索洛曾提出平衡增长理论,费尔普斯则对经济增长的动态最优化路径进行了分析,开创性地提出了著名的"经济增长黄金律",进一步探讨了劳动和资本之间的关系,从而正式确立了他的经济增长理论。

"经济增长黄金律"通常是指平衡增长路径中劳动与资本配置最优化的条件,即将劳动与资本比率视为一种最重要的经济关系,并通过调整劳动与资本比率,可以确定一种可预期的经济增长。例如,通过就业增长理论分析应该如何遏制因为创新而导致的就业损失,尤其是劳动密集型产业。费尔普斯教授提出的主要解决方案是就业补贴,尤其是对低工资工人进行补贴，同时通过税收政策的调整再分配也可有所作为。

同样，利用"经济增长黄金律"理论，我们也可论证当前中国在增加消费、扩大内需、扩大就业、提高投资效率等方面仍需进一步加强，这也从经济学的角度反映出中国目前的发展模式的合理性和复杂性。当然，这也是属于中国特色的创新发展道路。

美国访学路

2019年12月，我收到了前去哥伦比亚大学访学的邀请函，在此之前，除了不断磨炼自己的英语口语表达能力，我还将《大繁荣》一书翻来覆去品读了好几遍，而每一次翻阅我都有新的收获和新的困惑。2020年1月下旬，按照既定的访学计划，我只身飞往纽约，但路途的劳顿被无尽的兴奋取代。

在美国安顿好之后，我便开始马不停蹄地整理资料，只希望在与费尔普斯教授正式见面之前做好万全的准备。费尔普斯教授在国内外的中英文文献、视频甚至是音频统统都收录在内，我唯恐错过分毫。其间，现任职于美国宾夕法尼亚州州立东斯特拉斯堡大学地理系的胡世雄学长给予我特别的关照，并推荐他的侄女书晗担当我的助理翻译。晗晗已在美国留学10年，她英语口语流利，专业知识扎实，目前在康奈尔大学攻读工商管理硕士学位。据晗晗透露，费尔普斯教授在美国的华人圈具有相当大的影响力，我当然不会错过这次和诺贝尔奖得主近距离接触与学习的机会。

2020年1月31日，转眼到了第一次正式会面的日子，我和晗晗一起到达了约定的会议室。已经87岁的费尔普斯教授现在仍坚持每日到学校处理公务，并与学生保持面对面的互动。守时的他浏览了我所收集的资料及拟定的大纲后，惊讶于我收集资料之详细，甚至某些文献材料他都未曾留意到。他特别强调繁荣用"flourishing"更合适，更偏向于精神层面，而原来使用的"prosperity"更偏向于物质财富。随后他针对大纲的章节逻辑进行了调整，提出第二部分从"费尔普斯创新与中国自主创新的碰撞"切入，再过渡到理论模型及其在中国的应用，使整体的逻辑更加顺畅。

在我们交谈完毕后，我送上我专门准备的礼物——一只铜质属相鸡，并在背面专门用CNC（计算机数字控制机床）设备铭刻了费尔普斯教授的幸运数字"26"。"26"不仅代表费尔普斯教授获得诺贝尔奖的年份，也是他和他家人的生日，这得亏何老师在我出行前的贴心"剧透"。随后，我代表何老师送上汴绣《清明上河图》，寓意穿越千年的繁荣。我能深切地感觉到，费尔普斯教授对这两样充满"中国特色"的礼物十分喜爱。

在一个多小时的意犹未尽的交谈中，费尔普斯教授对我在哥伦比亚大学访学的安排进行了具体规划，并且对我在美国的学习和生活关切至极。我也终于得偿所愿，跟随费尔普斯教授在哥伦比亚大学学习"创新与经济"等相关理论和知识。更让我惊喜的是，费尔普斯教授邀请我到他的家中做客，以缓解我在新春佳节之际身处异国他乡的孤单之情。

难忘的家宴

在这次小聚之前，费尔普斯教授的夫人薇薇安娜特地发来邮件，提供了三个时间点让我选择，这种设身处地为我着想的感觉使我心存感激。这也是我第一次在异国他乡过新年。2020年2月4日，我专程来到费尔普斯教授家中，参加了这场充盈着中国元素的家宴。

费尔普斯夫妇所住的房子地处闹市区，由此处可远眺帝国大厦，也可以俯瞰不远处的淡水湖。约100平方米的房子虽然空间不是很大，但是布局十分讲究且具有新意。入户的地方是一只纸板做成的会招手的"机器狗"，在客厅的陈列柜前是费尔普斯教授所获得的荣誉及珍贵的藏品，而前几日我赠送的金黄色的属相鸡赫然摆在第一层的"C位"。我想无论是中国元素属相鸡、幸运数字"26"，还是诺贝尔奖的象征意味，都是费尔普斯教授钟情于它的原因吧。在客厅的墙壁上，悬挂着李克强总理会见费尔普斯教授的照片以及以《大繁荣》为题材的书法挂件。整个房间内的中国元素引人注目，而我特别留意到一幅题为《桃李满天下》的锦画。当得知费尔普斯教授还未理解其寓意时，我专门解释了"桃李"二字在中文中所蕴含的特殊含义，费尔普斯教授会心点头。他把毕生精力投入经济学研究，并培养出天下芸芸桃李。这幅画，其实也代表了我此次访学的心境。

当享用晚餐时，我意外地发现了土豆丝这样的中式菜肴，原来是费尔普斯教授的夫人专门学习和准备的小惊喜，她对其进行了改良和创新，风味独特。谈笑间，费尔普斯教授兴致盎然地分享了自己与诺贝尔经济学奖的曲折经历。其实，费尔普斯与诺贝尔经济学奖的关系可以追溯到1999年，在当时的角逐中，作为当年最有希望的候选人之一，他却遗憾地与诺贝尔奖失之交臂。当时获奖的是"欧元之父"，也是费老的好友、同为哥伦比亚大学教授的罗伯特·蒙代尔。此后，每次诺贝尔经济学奖落定前，费尔普斯的名字都会牵动经济学界的神思。直到2006年，费尔普斯成为当年诺贝尔经济学奖的唯一获得者。当时，他是在睡梦中被叫醒才得知这个消息的。费尔普斯教授坦白道，虽然他主要凭借"在宏观经济跨期决策权衡领域所取得的研究成就"而获得诺贝尔经济学奖，但是他最自豪的成果是早年提出的"自然失业率"理论。就这样，费尔普斯数十年如一日，将创新注入自己的研究生涯并将其进行到底。

席间，费尔普斯夫妇分享的趣事让我收获颇丰，也让我更加能理解费尔普斯教授为何对中国有如此深的感情，我也更被他的人格魅力吸引。临别时，费尔普斯教授准备了他亲笔签名的《大繁荣》一书相赠，并对发生的新冠肺炎疫情表达了深情关切，希望我无论身在何处，一切都要保重。

虽然只是一次简单的小聚，但费尔普斯夫妇着实营造出了家的氛围。他作为长者的智慧、从容、随和以及生活中无处不在的新意，都让我感佩于心，至今未曾淡忘。

跨界结硕果

在哥伦比亚大学，我与同为河南大学的校友林晓东教授见了面。林教授是河南大学1979级英语系毕业生，现在是哥伦比亚大学终身教授，也是教育学院耐挫教育研究中心主任，主要进行耐挫教育创新研究。

谈话间，林教授分享了她在河南大学求学期间的故事以及在哥伦比亚大学耐挫创新教育方面的研究。她的团队已经面试了10余位美国杰出运动员及诺贝尔科技学奖获得者，发现在体育领域做到一流的人都相当聪明，同时在科技领域做到一流的人都有体育方面的爱好，两者有互相的联系。于是她准备写一本书 *From Failure*。也正是基于这样的研究，林教授在哥伦比亚大学附属中学的毕业典礼上发表了"未经失败的人生不值得过"的主题演讲，鼓励年轻人直面挫折，从失败中汲取前进的力量。

得知我此行的主要目的以及费尔普斯获得诺贝尔奖的曲折历程，林教授认为费尔普斯教授的经历是耐挫教育的经典案例，表示一定要找机会对费尔普斯教授进行采访，进行一番跨学科的创新碰撞。

经过这番无心插柳的牵线搭桥,林教授不日便欣喜地告诉我费尔普斯教授已如期接受了她的采访。期待林教授的研究成果早日呈现,帮助人们理解失败的价值,并从中体会耐挫力给予人的无限力量。

抗疫与创新

在哥伦比亚大学访学的时光转瞬即逝,我即将踏上回国的路程。费尔普斯教授关切道,我是否可以多留一些时日,毕竟当时新冠肺炎疫情比较严峻。考虑到当时的工作安排,我于2020年2月下旬回到了中国。没想到,这次疫情是一次全球突发公共卫生事件,对人民生命和公众安全造成了巨大影响,并由此波及经济社会发展的各个领域。

为抗击疫情,中国迅速推广远程医疗、线上教育、视频会议、人工智能和大数据技术等众多创新方法,创新的力量在这场考验中发挥了巨大作用。在转入疫情防控常态化阶段以后,政府强调提高科技创新的引领作用,提出把创新作为引领经济发展的重要驱动力。对此,费尔普斯教授在接受媒体采访时表示"后疫情时代中国将从创新中受益"。他认为创新无处不在,中国人具有巨大的创新活力,能够成为伟大的创新者。

受费尔普斯教授的启发,我对自己回国后参与疫情防控与复工复产的经历做了回顾和复盘,发现这就是一次真枪实弹的创新实践。作为一家特大型制造企业，我们公司的员工人数多、密度大、来源广、流动强，生产任务多，订单交付周期紧，疫情防控和复工复产面临的困难更加艰巨。在抗击疫情过程中，我们通过组织创新，建立跨部门的疫情防控指挥中心，作为疫情防控与复工复产的领导和管理机构，保障工作的集中统一领导。通过制度创新，公司建立了疫情防控与复工复产的各项运行机制和作业流程，包括三级稽核机制，保证各项工作有章可循、执行有力、作业规范、常态运行。通过方法创新，公司创造性地提出"四同管理""八区防控"等方法；在员工返岗过程中，公司利用大数据提高工作精准性；在疫情防控中，公司利用大数据确保突发疫情后密接人员可以追溯；在工作稽核中，公司在关键防控点布设巡更系统，确保查验到位。此外，公司还利用媒体对员工和社会的导向作用，在返岗阶段让员工放心、家属安心，在疫情防控和复工复产取得初步成效后，通过媒体宣传，增加了全社会战胜疫情和复工复产的信心和决心。通过一系列创新措施，我们在一个月内实现厂区疫情零感染，达成计划产能目标，同时也为众多企业应对疫情与复工复产提供了可资参考的现实范例。

正如费尔普斯教授所言，创新无处不在，人人都可以成为创新者。疫情防控与复工复产的成功实践再次证明了创新的力量。

后来，美国的疫情也十分严峻，而当地口罩、防护服等防疫物资也极为短缺。许多在美国的同胞因前期已将收集到的物资毫无保留地捐赠给国内以支援抗疫，而面临手无寸铁的境况。于是，我在国内辗转多地终于收集到数百只口罩，专程邮寄给远在美国的费尔普斯夫妇等人，互道一声安好。

同时，我们也约定，待疫情缓解之时，我会邀请费尔普斯教授夫妇来中国，一起看一看拥有五千年历史的中国所呈现的无限生机。

后疫情时代的中国式创新

"中国需要更高程度的本土创新"，费尔普斯教授多年前曾公开表示，这也正是当前后疫情时代下中国创新的写照。的确，伴随着全球宏观经济形势的深刻变化、各类挑战和机遇的接踵而至，创新之于中国被推向前所未有的高度。

与此同时，中国"芯"也是绕不开的痛点。虽然中国有着广阔的市场，但中国"芯"的自给率仍然较低，核心技术被"卡脖子"。中国要实现迎头赶上甚至弯道超车，关键要加强核心技术的攻关。为此，中国已采取多种创新措施，以加快转化、实现替代，增强应变和反制能力，如打通本土产业链协同创新，打造以本土化创新为主的集成电路产业链、供应链体系，形成门类齐全、产能优异、全链安全的集成电路产业链格局。同时推动产、学、研一体化创新融合，构建研发与成果转化的新型研发机构和产学研平台，激发创新活力；集聚优势创新资源，推动关键企业主导组建新型研发机构。

中国政府大力推进中国式创新的决心从"十四五"规划可见一斑，毕竟中国要进入经济高质量发展的阶段，究其深层动力最不可缺少的还是科技创新和人才集聚。不过好在中国科技创新力量正在逐渐成长，在多个维度的比较下，中国科技力量已逐步迎头赶上。

由此可见，在后疫情时代，中国正进行着自上而下、自内而外的系统性机制创新，这样的集聚及连锁效应将深远影响未来的"中国式创新"。费尔普斯教授曾直言："下个乔布斯出现在中国，一点儿也不意外。"而如果有人问我，下一个科技创新中心会在哪里，我想出现在中国我也不会感到意外！

张占武

致　谢

本书的出版，酝酿于疫情袭来前，达成于拨云见日后，感念良多。

感谢费尔普斯教授及其夫人薇薇安娜热忱治学的专注精神，让我们一窥诺贝尔奖得主的世界。感谢北京大学国家发展研究院名誉院长、北京大学新结构经济学研究院院长林毅夫教授等人为此书推荐、作序。特别是林政辉先生对译者访学美国给予了大力支持。在此谨向他们致以深深的感谢，并永志于心！

本书自筹备至发行期间，哥伦比亚大学资本主义与社会研究中心凯瑟琳女士及赵辉、杨延良、李晓鹏、张智、要璐瑶等在资料的收集、整理、编辑、核对等方面投入诸多精力，美国宾夕法尼亚州州立东斯特拉斯堡大学终身教授、黄河交通学院常务副校长胡世雄，哥伦比亚大学教育学院终身教授林晓东，纽约龙峰文化基金会主席贾新峰，郑州源创基因科技有限公司董事长赵辉博士，谷歌公司产品经理张书晗对文稿的翻译等工作亦给予诸多帮助。在此对他们致以衷心感谢！同样感谢家人、朋友的支持与鼓励！

本书还是河南省高等学校哲学社会科学基础研究重大项目（编号：2022-JCZD-15）及河南省哲学社会科学规划一般项目（编号：2022BJJ070）的研究成果，得到了项目组的支持。

中信出版社社长王斌、中信出版集团智库出版总社领导蒋永军、中信出版集团前沿社主编邵玥在本书的出版发行过程中给予了大力支持，中信出版集团前沿社策划编辑王佳恋、郭明骏在编排过程中尽职尽责，做出了重要贡献，在此致以诚挚的感谢！

最后，恳请各界专家和读者多多批评指正，激励我们在自我精进和沉淀的道路上永葆初心，勇毅前行！

何志毅　张占武

2023 年 8 月

注　释

第一部分　发展中的中国经济

02　全球视野下的中国崛起

1. 当然，这样说太轻率了。为什么世界其他地区（尤其是拉丁美洲）应该向中国让步，而不是反过来呢？在一个层面上，纯粹的解释是，当中国和其他东亚国家处于半封闭状态并饱受战争折磨时，世界其他地区在制造业方面拥有微弱的比较优势。在那段历史过去之后，中国和东亚地区强大的比较优势显现出来。如今，在东亚的帮助下，中国已经取代了世界其他地区的比较优势，其中包括优势往往并不明显的拉美部分地区（这也适用于美国。美国的制造业正在大量消失，余下的产业因有足够强大的优势而生存下来——如果不是因为其他原因，那就是它们所具有的区位优势，它们位于一个拥有广阔内陆的大国）。这一理论给出的解释与新古典贸易理论并不矛盾。这一理论解释了在某些方面具有比较优势的国家可以从与世界其他地区的贸易中获益。如果世界其他地区发生变化，以致一个国家发现自己的比较优势减弱或完全消失，那么它从贸易中获得的潜在收益也将减少或消失。该理论仍然有效。

    关于"为什么是中国，而不是我们？"这个问题，可以从中国的国情剖析。中国在管理方面表现优秀，但在农业方面表现得有些糟糕。部分原因在于中国可耕种的土地有限，而且在服务业方面，他们的语言并没有给他们带来印度人所拥有的优势。然而，事实上，中国人在制造业方面很有天赋。在中国投资的西方实业家表示，中国的工人表现出学习的意愿，并坚持埋头苦干，这是不寻常的。他们还提到了中国人的灵巧，这来自一代又一代人的手工艺劳动，以及对饮酒的根深蒂固的厌恶。很少有国家具备所有这些特质。根据我自己的观察，在几次访问之后，我发现中国人被一种物质主义的生活吸引，即赚钱，而不仅仅是工作，他们追求财富，而不仅仅是社会地位和归属感，比欧洲人甚至比美国人更甚。

2. Phelps E S. Effects of China's recent development in the rest of the world: With special attention to Latin America[J]. Journal of Policy Modeling, 2004, 26(8–9): 903–910.

3. Bhidé A, Phelps E S. A dynamic theory of China-US trade: Making sense of the imbalances[J]. Available at SSRN 763284, 2005.

03 良好的经济绩效与经济结构、政策、制度的匹配

1. 宇泽弘文、罗伯特·卢卡斯和其他人也建立了关于研发和技术进步之间的联系的模型。（一般来说，我不能在这个简短且非正式的回顾中引用其他贡献者的观点。）

2. 20世纪30年代，美国在技术上一马当先，而在20世纪40年代的战争和重建期间，西欧大陆工业在改进技术方面做得相对较少，因此，它们在20世纪50年代和60年代有机会采用美国的方法，这使得其一段时间的技术显著进步成为可能。

3. 这里批评的一些解释的失败见 Phelps E S, Zoega G. Natural-rate theory and OECD unemployment[J]. The Economic Journal, 1998, 108(448): 782–801.

4. 在图3-3和图3-4中，当去除西班牙时，两个变量之间没有显著的关系（相关性为0.14）。如果将西班牙包含在内，则会产生表面上的关系（相关性为0.39）。那么，是否可推断出税收增加可能是经济合作与发展组织失业率持续增长的主要原因，就取决于西班牙失业率

的上升是否可以归因于税收增加。时间序列数据显示，西班牙的税收从 1960 年到 20 世纪 90 年代一直平稳上升，而失业率在 1975 年之后急剧上升，并在 1985 年达到峰值。因此，我们不同意图 3-3 和图 3-4 支持供给学派将一些国家相对失业率的上升归因于这些国家相对税收负担的增加。一份令人信服的分析报告必须详细而复杂。

5. Phelps E S. Structural slumps: The modern equilibrium theory of unemployment, interest, and assets[M]. Harvard University Press, 1994. 顺便说一句，这里的图表反映了税率的一些暂时影响，因为大多数经济合作与发展组织成员国都在不断提高税率，从而不断给失业率带来上升冲击。因此，图 3-3 中所描述的税率上升对失业率的影响已经很小了。但这并不是一个永久性的影响，其影响甚至比图中显示的还要小。

6. 从理论上讲，如果立法机构将工人的社会财富与税后工资比率保持在一个固定比例，那么工资的平均税率在长期内将是完全中性的。那么，私人财富和总财富最终将会减少，从而恢复到之前它们与税后工资比率的比例，中期自然失业率也会恢复到以前的水平。

7. Summers L H. Unemployment[M]. Harvard University Press, 1988.

8. Nickell S, Layard R. Labor market institutions and economic performance[J]. Handbook of Labor Economics, 1999, 3: 3029–3084.

9. 同样，西班牙是一个特例，失业率高，替代率也高。但在这种情况下，我们并不足以提出能从图表中得出结论的问题。

10. Nickell S. Labour market institutions and unemployment in OECD countries[J]. CESifo DICE Report, 2003, 1(2): 13–26.

11. 如图 3-3、图 3-4 和图 3-6 所示，我们利用差异估算了一个等式，其中 14 个经济合作与发展组织国家的失业率变化是税率、替代率、福利持续时间等变化的函数。当以这种方式估算时，大多数系数具有反直觉的特征，而且许多系数在统计上并不显著。

12. Phelps E S, Zoega G. The rise and downward trend of the natural rate[J]. The American Economic Review, 1997, 87(2): 283–289.

05 影响全球和中国经济的周期性力量

1. 一些结构主义模型中加入了跨期替代机制。但上述结构主义机制往往是更为重要的一种。

第二部分 创新创业与经济增长

07 自主创新的本质

1. 我最近读的一本书认为想象力是超越创造力的东西，但两者并没有明显区别。约翰·西利·布朗认为："当我们从事创造性活动时，我们把熟悉的东西变成陌生的东西……当我们富有想象力时，我们的行为恰恰相反：我们把陌生的东西变成熟悉的东西。"引自 Tett G. How to ignite the creative spark[EB/OL]. Financial Times (2014-08-15).

2. 例如，在奥地利模型中，（制造资本货物的）劳动生产率的提高可能会使商品价格的下降幅度超过劳动生产率的提高幅度。不过，对于工资增长放缓，工人可能会从他们较高的储蓄回报率中得到一些补偿。

3. 在欧洲的欧盟15国中，以1995年的价格计算，资本形成总额增长率从1961—1965年的6.7%下滑到1971—1990年的2%左右。在美国，这一比例从7.2%下滑至3%左右。在欧盟12国，固定资本形成总额占国内生产总值的比重从20世纪60年代的25%持续下滑到20世纪90年代的21%。美国的下滑幅度较小，因为资本形成的下降拖累了国内生产总值。

4. Ammous S, Phelps E. Tunisians set off on the road from serfdom[J]. Financial Times, 2011; Olson M. The rise and decline of nations[M]. Yale, 1982; Scott J C. Seeing Like a State[M]. Yale, 1998; Acemogu D, Robinson J A. Why Nations Fail[M]. Crown, 2012.

5. Goldman D P. Is China outstripping the West at innovation[EB/OL]. Standpoint Online (2004-09-02).

08 创新战略是中国经济转型升级的主要推动力

1. 在我最早的一篇关于中国的论文中,我描绘了一个有一些相似点的模型。随着中国进入全球经济并获得海外技术,中国工人的工资随海外产品价格上涨而立即上涨。然而,这些工人最初较低的财富水平将在许多年内将劳动力供应推向暂时膨胀的水平。这将把出口价格压低到暂时的低水平,从而阻止工资立即上涨到与海外最高水平相当的水平。当然,工资均等化所需的大量基础设施的积累也需要相当长的时间。然而,随着中国人财富的积累,每周工作时间和参与率可能也会减少,从而推高中国人的工资。中国的财富和工资将继续上涨,直到中国出口商品的价格回到原来的全球水平。到那时,中国的工资水平将与海外最高水平持平。这意味着中国与西方国家没有本质区别,只是在最初的财富和资本水平上有所不同。
2. 据估计,中国的单位劳动力产出约为美国、爱尔兰、意大利和其他一些国家的1/7。即使在新产业已经起步的沿海地区,劳动生产率也只有西方国家水平的1/2左右。

09 中国自主创新的三个问题

1. Schumpeter J. Theorie der wirtschaftlichen Entwicklung[M]. Vienna, 1911.
2. 最早关注此类问题的观察家出现在两次世界大战之间:1921年的弗兰克·奈特和约翰·梅纳德·凯恩斯,20世纪30年代中期的奥斯卡·摩根斯坦,以及1935年的科尔·波特。
3. Casson M. Entrepreneurship[J]. International Library of Critical Writings in Economics, 1990, 13.
4. 民营企业拥有创造力——它的才能不仅仅停留在解决问题上——这是我即将出版的《大繁荣》一书的基本主题。
5. NelsonR R, Phelps E S. Investment in humans, technological diffusion, and economic growth[J]. The American Economic Review, 1966, 56(1/2): 69–75; Bhide A. Our venturesome economy[J]. The American, 2008.

6. Johnson L. Superhero investors come to the rescue[J]. Financial Times, 2012.

10 经济动力是创新的源泉

1. 许多人都倡导这些现代价值观，如皮科、路德、蒙田、伏尔泰、黑格尔、克尔凯郭尔、尼采和柏格森。黑格尔说的是"作用于世界"，柏格森说的是"生成"。
2. 人们可能会认为，现代价值观并不是高活力的必要条件。诚然，英国的一些自由早于现代，例如1215年《大宪章》中规定的权利。但在17世纪晚期之前，这份文件更多的是一种象征，而不是对统治者的约束，当时它作为有关权利的基础文件发挥作用。
3. 任何基于生产率数据进行的此类计算都必须考虑到，那些远远落后的国家，其生产率的增长速度超过它们在大量"转移"尚未复制的海外创新的那些年所能提供的活力。
4. 新古典主义经济学坚持关于自我利益的纯粹物质主义观点。因此，曼库尔·奥尔森开发的关于地方性寻租和庇护的新古典主义模型假设人们感兴趣的唯一价值是物质财富。企业家、所有者和劳工组织者是为了从中赚钱，而不是为了创造、探索和个人成长。
5. 那么，尽管有着深厚的传统，以色列怎样才能充满活力呢？也许大多数以色列人并没有被严格限制。2013年7月30日，以色列电台"戈尔茨坦在盖尔德"就这个问题进行了辩论。

12 经济发展活力根本在于教育

1. 在现代，最早引起人们注意这些事情的观察者出现在两次世界大战之间：1921年的弗兰克·奈特和约翰·梅纳德·凯恩斯，20世纪30年代中期的奥斯卡·摩根斯坦，以及1935年的科尔·波特。
2. Postrel V. The Future and Its Enemies: The Growing Conflict Over Creativity, Enterprise, and Progress[M]. Simon and Schuster, 2011.
3. Hayek F A. ,Collectivist Economic Planning[M]. 1936; Hayek F A.

Individualism and Economic Order Chicago[M]. 1948.
4. 参见 Thrainn E. Imperfect Institutions: Possibilities and Limits of Reform/T. Eggertsson[J]. Ann Arbor: The University of Michigan Press, 2005。其对糟糕的政府机构和政策的生存进行了类比。
5. Nelson R R, Phelps E S. Investment in humans, technological diffusion, and economic growth[J]. The American Economic Review, 1966, 56 (1/2): 69–75.
6. Lazear E P.Entrepreneurship[J]. Journal of Labor Economics, 2005.
7. 在英国，约翰·梅纳德·凯恩斯在他的文章《我们子辈的经济可能性》中接受这种观点。在美国，罗伯特·赖克也表达过这样的观点，他说美国人"讨厌他们的工作"。
8. 在西方古典伦理中，从亚里士多德开始，贯穿米格尔·塞万提斯、弗里德里希·尼采、威廉·詹姆斯、亨利·柏格森、约翰·杜威和亚伯拉罕·马斯洛，实现或追求的就是美好生活。我的印象是，在中国流行的发展观念与此并无不同。

13 让教育点燃创新之火

1. Schultz T W. Investment in human capital[J]. The American Economic Review, 1961, 51(1): 1–17.
2. Johnson H G. The political economy of opulence[J]. Canadian Journal of Economics and Political Science, 1960, 26(4): 552–564.
3. Nelson R R, Phelps E S. Investment in humans, technological diffusion, and economic growth[J]. The American Economic Review, 1966, 56 (1/2): 69–75.
4. 威廉·鲍莫尔是研究创新者的先驱之一，他对美国成功企业家中很少有人受过高等教育感到失望。

14 古今中外贤哲定义的美好生活

1. 首先，西方在生产西方产品方面拥有各种不同寻常的技能，这些技能无法转移到中国。同时，西方国家也为保护其技术不被转移到国外做出了很多努力。另一点我以前没有见过：西方的生产方式是为了生产西方产品——更吸引西方消费者而非中国消费者的产品——而不是为了生产中国产品；因此，即使中国能够引进所有西方技术，这种引进也不会提高工人生产中国产品的生产率。中国工人需要在生产中国产品方面进行自主创新，才能达到像西方那样的生活水平。

2. 从20世纪60年代到90年代，这些国家的生产率增长大多来自复制美国创新的剩余成果。20世纪60年代末70年代初，当美国的创新能力下降时，这些曾经充满活力的国家的生产率增长不可避免地接近停滞。

3. De Bary W T. The great civilized conversation: Education for a world community[M]. Columbia University Press, 2014.

4. "和谐"也是伦理的一部分。理学进一步缩小了个人主义的范围，排除了对私欲的追求——"将自己与他人分开的欲望"。它变成了"人类与各种生命形式和谐统一的神秘愿景"。

5. 艾玛·格里芬为她的书《自由的黎明：工业革命的人民历史》寻找到一些日记，现在她正在寻找更多的日记，以出版续集，续集的重点是创新腾飞的19世纪。我的书《大繁荣》第三章指出，19世纪的小说、绘画和音乐反映了工作的新体验。

16 中国成为全球经济创新主要源泉的时代来临

1. Phelps E S. Mass flourishing: How grassroots innovation created jobs, challenge, and change[M]. Princeton University Press, 2013.

17 从高质量生活迈向美好生活

1. 《顺德区经济社会发展基本情况（2012年）》。

18 美好生活引导我们必须走向未知的旅程

1. 1968年，肯尼斯·博尔丁在费城发表演讲时谈到了更好的"贸易条件"。保罗·萨缪尔森在谈话中提到了我写的一本书的"稀缺价值"。
2. 这里指的是哲学家、教育家约翰·杜威,20 世纪初,他在中国和美国都很有名,尤其是在北京大学和哥伦比亚大学。
3. 这指哲学家和经济学家阿马蒂亚·森。
4. 参见戴维·麦克莱兰在 1961 年出版的《成就社会》中指出的"需要理论"。在他看来,另一个主要的需要是群体归属感。
5. 这些想法与科尔·波特的歌有关:"我从你身上得到了快乐。"
6. 这位哲学家就是弗里德里希·尼采,他创作于 19 世纪中后期。
7. 这太像 19 世纪的风格了。
8. 这位哲学家指亨利·柏格森,他写于 1900 年左右,尽管"生成"这一概念早在 16 世纪蒙田的随笔散文中就已出现。(凯恩斯关于不确定性和动物精神的著作,受到了柏格森的影响。)约翰·罗尔斯使用了"self-realization"("自我实现")一词,亚伯拉罕·马斯洛使用了"Self-actualization"("自我实现")一词。
9. 我指的是当时德国历史学派的领袖阿瑟·斯皮索夫。出生于奥地利的年轻经济学家约瑟夫·熊彼特在其于 1911 年出版的关于经济发展的经典著作中表示赞同。(熊彼特的贡献仅在于,在某行业具有专业知识的企业家可以判断科学进步使哪些新产品有利可图。)
10. 我记得 1969 年出版的以赛亚·柏林的《自由四论》和 1964 年出版的亚瑟·凯斯特勒的《创造行为》。另见 1960 年出版的卡尔·波普尔《历史主义的贫困》第二版的序言。

第四部分　克服障碍,创造良好经济

22　机遇之门:数字经济时代迎面而来

1. Conard N J, Malina M, Münzel S C. New flutes document the earliest musical tradition in southwestern Germany[J]. Nature, 2009, 460 (7256): 737–740.